他人《ひと》の期待には応えなくていい

鳥谷敬

KADOKAWA

構成　長谷川晶一

はじめに

「常識」を疑い、「普通」を問い直す

2021年シーズンを最後に現役引退してから、それなりの時間が経過した。プロ野球解説者としての活動を中心に、社会人野球の指導をしたり、テレビ番組やイベントに出演したり、以前から続けているチャリティー活動、ボランティア活動をしたりと、おかげさまで現役時代以上に多忙な日々を過ごしている。

子どもの頃からバットとグラブを手にしてきた。高校でも、大学でも白球を追いかけ、ドラフト1位で阪神タイガースに入団した。以来、千葉ロッテマリーンズで引退するまで、18年にわたってプロの世界で生き抜いてきた。

一軍公式戦1939試合連続出場、13シーズン連続全試合出場はいずれも歴代2位の記録となっている。通算2000安打以上を記録した選手が入会を許される「名球会」のメンバーにもなった。ショートストップとしては歴代1位となる667試合連続フルイニング出場も記録した。

この間、まさに野球漬けの日々を過ごしてきた。そして現在、そんな生活とはまったく異なる日常を生きている。

だからこそ、「現役時代が恋しくなりませんか？」とか、「早くユニフォームを着て、現場復帰したいのではないですか？」と聞かれることも多い。しかし、わたしの答えは「ノー」だ。野球が恋しくなることも、現場復帰への渇望も微塵《みじん》もない。

誤解をおそれずにいえば、わたしは〝野球が好きではない〟からだ。

スポーツでいえば、野球よりもサッカーのほうが好きだ。子どもの頃に『キャプテン翼』に夢中になって以来ずっとそうだったし、それはいまでも変わらない。野球好きではないわたしが、どうしてずっと野球を続け、そしてプロの世界で活躍することができたのか？

答えは簡単だ。〝野球が得意〟だったからだ。

「好き」と「得意」はまったく違う。サッカーが好きだった少年ではあったが、実際のところは野球のほうが上手だった。

いくら好きではあっても、自分よりも上手な選手はたくさんいた。

一方、あまり好きではなくても、自分は人よりも優れていると感じていた。

わたしにとっては、前者がサッカーであり、後者が野球だった。こうしてわたしは、野球を選択した。得意なもので勝負したほうが成功する確率が高いからだ。

好きこそものの上手なれ——。

こんな言葉がある。辞書を引くと、「何事も、好きであってこそ上手になる。いまは未熟であっても、本当に好きならば上達する望みがある」と書いてある。

もちろん、それは真実だろう。実際に、そういったケースをわたし自身もたくさん見てきた。しかしその一方では、「あまり好きでなくても得意なものもある」のも事実だろう。そして、得意なもので勝負したほうが成功の確率が高まるのも事実なのだ。

詳しくは本書で述べるが、わたしは現役時代からずっとチャリティー活動、ボランティア活動を続けている。日本国内だけではなく、海外の貧しい国に足を運んで、さまざまな現実をまのあたりにしてきた。

日本では、義務教育によって、小学校6年間、中学校3年間の学習の場が保証されているけれども、世界各地には満足な教育の場も与えられず、家計を支えるために幼い頃から働かなければいけない子どもたちもたくさんいる。

その際にいつも、「自分たちに見えている現実はほんの一部なのだな」と感じてきた。自分たちのあたりまえは決して、あたりまえではない。「常識」や「普通」と呼ばれているものも、立場が変われば、決して「常識」でも「普通」でもないのだ。

そんなときに、わたしはいつも「常識ってなんだ?」「普通ってどういうことだろう?」と考えてきた。その結果、こんな結論を得ることになった。

ひょっとしたら、「常識」を疑ったり、「普通」を問い直してみたりすることが、人生を豊かに生きていく大切な考え方なのかもしれない……。

振り返ってみると、わたし自身の半生も常に、根底にはそんな思いがあったような気がする。「常識」や「普通」を疑ったり、問い直してみたりすることで、厳しいプロ野球の世界で戦うことができたように思えるのだ。

人がしていないことにこそ価値が生まれる——。

18年にわたるプロ野球人生の根底には、常にその思いがあった。「人がしていないこと」をするためには、固定観念や既成概念は大きな支障となる。「常識」を疑い、「普通」を問い直すことでこそ、人とは違う新たな価値観が生まれるのではないだろうか？

現役時代には見えなかったこと、気づかなかったことが、ユニフォームを脱いだことによって見えたり、気づいたりするようになった。

本書では、そんな気づきの数々や、わたしがずっと心がけてきたことを、あらためて整理してお伝えしたいと思う。それによって、あなたを取り巻くしがらみの数々から解放される手助けとなれば幸いである。本書を読み終えたとき、少しでも「前に進む勇気」を手にしてほしいと心から思う。

自己肯定感を高める、自分なりのメソッドを包み隠すことなくお話ししたい。

目次

第2章 「他人の目」を利用して考える

第3章 成功とはなにか？ 失敗とはなにか？

第4章 物事は常に逆算して考える

第5章　幸せな人生を歩むために

装丁	小口翔平＋畑中茜（tobufune）
本文デザイン	黄川田洋志、井上菜奈美（有限会社ライトハウス）
撮影	平野司
ヘアメイク	清水恵美子（マロンブランド）
校閲	木村雄大（有限会社ライトハウス）
DTP協力	株式会社 愛科
編集	岩川悟（合同会社スリップストリーム）、横山美和
協力	株式会社PAMS
	東京ドームホテル

第1章

自分か、それとも他人か？

01

自分でコントロールできないことは気にしない

長年、プロ野球の世界に身を置いて自分なりの努力を続けてきた。20代の頃からずっと試合に出続け、レギュラー選手として活躍してきた自負はある。

しかし、年齢を重ね「ベテラン」と呼ばれるようになってきたタイガース時代の後半から、徐々に試合に出場する機会が減ってきた。

また、この頃には入団以来ずっとこだわり続けてきたショートではなく、サードへのコンバートも経験した。

いつ試合に出られるかわからない――。

これは、レギュラー選手として常時、試合に出場していたときには感じたことのないストレスだった。しかし、そんなときでも、決して腐ったり、心が折れたり、気持ちが萎《な》えたりするようなことはなかった。

それまでと変わらずに、自分のやるべきことを淡々とこなしていた。

どうしてそれが可能になったのか？　わたしには自分で決めていることがある。

自分でコントロールできないことは気にしない――。

外的要因に左右されて、自分自身ではどうすることもできないことはたくさんある。その最たるものが「他人の考え」だろう。他者の感情や思いが及ぶことに関して、いくら「なんとかならないか？」と悪戦苦闘したとしても、残念ながらそこで自分が望んだ結果を得ることはかなり難しいことだと思う。

自分でどうこうできないものに対して、悩んだり、考えたりしても、それはほぼ徒労に終わる。無駄に疲れるだけだ。

これまで、何度もそんな経験をしてきた。

スポーツの世界では、常に対戦相手の存在がある。

いくらこちらが万全な準備で臨んだとしても、相手が自分よりも上回っていることは数え切れないほどあった。相手がいる限り、勝負の世界ではどちらかが勝ち、どちらかが敗れるのは当然のことなのである。なにも努力しないで敗れたのならば、もちろん原因を探り、次に向けての反省をしなければならない。

しかし、「もうやるべきことはすべてやった」という状態で敗れたのならば、「勝負は時の運だ」とすっぱりと割り切ったほうがいい。

これは、「監督と選手」とのあいだにもあてはまることである。

試合に使ってもらえるかどうか？　あるいは、チームにおいて頼りにされているかどうか？　それは、「他者」である監督やコーチが決めるものだ。

もちろん、一選手としては懸命に努力と準備をしたうえで試合に臨むのは当然のことではあるが、それでも試合に出すかどうかの最終判断を下すのは監督である。監督がどんな考えを持っているかで、どの選手を起用するのかが決められるのだ。ならば、やるべきことをきちんとやったうえで、あとは悠然と待つしかない。むかしからの言葉でいえば、「人事を尽くして天命を待つ」といったところだろうか。


プロ入り以来、順調な日々が続いていた。しかし、2016年に金本知憲《かねもとともあき》監督が就任した頃から、チーム内における自分の立場、立ち位置が少しずつ変化していることを痛感していた。

はっきりいえば、金本監督のなかで、「鳥谷敬」という選手の優先順位はそれほど高くなかったのだと思う。

誤解しないでほしいのは、人間的な不仲が原因ではないということだ。監督としては、全盛期を過ぎつつあるベテラン選手よりも、これから長期にわたってチームを支えることができる若手の台頭に期待するのは当然のことだからだ。

監督にはそれぞれが理想とする野球、目指すべき戦い方がある。そこに自分があてはまらなければ、たとえ実力があろうとも出場機会が減ることもある。

そんなときに、「どうしてオレを出してくれないのだ?」と悶々《もんもん》としていても、問題は一向に解決しない。ならば、少しでも監督の理想とするスタイルに近づくべく、自分をアジャストしていくのか? あるいは「オレはオレのスタイルを貫く」と考えるのか? それはその人それぞれの考え方があることだろう。

わたしの場合は前者を選択して、少しでも監督の求めるスタイルに近づこうとしたものの、結果的に失敗することになる。

本来の自分の長所も消し去ってしまうことになったのだ。そして、「自分は自分のスタイルを大切にしよう」と考えをあらためることになる。詳しくはのちに述べることにしたい。

2004年、わたしがタイガースに入団したときの正遊撃手は藤本敦士《ふじもとあつし》さんで、前年にリーグ制覇したチームのレギュラーとして君臨していた。

しかし、この年の開幕戦では、まだなにも実績のないルーキーだったわたしが「七番・ショート」でスタメン起用されることになった。藤本さんとしては「どうして、オレじゃないんだ？　どういうことだ？」という思いだったことだろう。

そして、今度は自分が逆の立場になったときに、あらためて当時の藤本さんの心境がよく理解できるようになった。これが、プロの世界なのである。

監督が代われば、目指すべきスタイルも変わる。それは自分ではどうにもならないことであり、そこにこだわり続けていても事態はなにも改善しない。

ならばどうすればいいのか？

わたしの答えは「なにもしない」だ。正確にいえば、「自分のやるべきことをしっかりこなし、万全の状態にしたうえでなにもしない。時が来るのを待つ」ということである。

具体的なことについては、この先少しずつ説明していきたい。

02

自分の弱さを知って、
自分の強さを知る

プロの世界に入ってすぐに試合出場機会に恵まれた。

プロ2年目の2005年から2017年までの13シーズンは全試合に出場し、遊撃手としては歴代最長となる667試合連続フルイニング出場も記録した。

決して傲慢な思いで口にするわけではないけれど、この時期は「試合に出るのが当然だ」という思いで過ごしていた。

しかし、タイガース時代の晩年、そして2020年から移籍したマリーンズ時代になると、スタメンでの出場機会は減り、試合途中で代打起用されたり、守備固めでの出場となったり、時には代走を任されることもあった。

また、二軍行きを命じられて40歳を過ぎてから、18歳、19歳の若手選手たちと一緒に炎天下で試合に出ることもあった。

いずれもタイガース時代には経験したことのない出来事だった。

しかしその結果、それまでに気づかなかったこと、まったく考えなかったことをいろいろと考える機会に恵まれた。

例えば、代打や代走で試合途中から出場することの難しさを知ると同時に、かってはなにも考えず、「あたりまえだ」と感じていたスタメンで出続けることの大変さ、偉大さを再認識することにもなった。

例えば、二軍の過酷な環境を経験することで、育成枠から支配下枠を勝ち取るために懸命に努力している若い選手たちの必死さを知ることになると同時に、一軍の華やかな舞台の価値やすごさを再確認することにもなった。

また、マリーンズに移籍したことで、タイガースとのチームカラーの違いを痛感し、セ・リーグとパ・リーグの違いも自分の身で体験する機会に恵まれた。

タイガースの場合、グラウンド上はもちろん、グラウンド外のプライベートなことまで、一挙手一投足のすべてが注目され、ニュース記事となっていた。そのため、球団広報の仕事は「いかにメディア制限をするか？」ということが重視されていた。

一方のマリーンズの場合は、ZOZOマリンスタジアムを訪れる熱狂的なファンはたくさんいるものの、メディアからの注目度はそれほど高くはなく、自分たちから積極的に情報発信することを求められた。したがって、球団広報の役割は

「いかにメディアにアピールするか?」ということを常に意識していた。

マリーンズの広報は、かつてスポーツ新聞記者でタイガース担当の人間だった。マリーンズ移籍後、この広報からさまざまなメディア対応を求められたけれど、いずれもタイガース時代は経験したことのないものだった。


こうしたいろいろな経験をしたことで、それまで感じることのなかった「自分の弱さ」を知り、同時に「自分の強さ」を知ることになった。

自分で感じた、「鳥谷敬の弱さと強さ」とは、例えばこういうことだ。

わたしは子どもの頃から練習が嫌いで、高校時代はいつも「なんとかしてラクができないかな?」と考えているタイプだった。だからこそ、タイガースのように「常に注目を浴びている」チームは最適だった。

マスコミからも、ファンの人からも常に衆人環視されていれば、決してラクをしたり、手を抜いたりはできない。結果的にそれが自分を律することとなった。

こうした経験を経て、わたしの場合は自分自身でモチベーションを上げたり、プレッシャーを上手に活用したりすることが得意ではないことに気がついた。

マスコミやファンの人たちの目を意識して、常に「誰かに見られている」ということを上手に活用しながら、自分の力に変えることができていたことに気がついたのだ。

つまり、弱みは「自分でモチベーションを上げられない」ということである一方、強みは「他者の目を上手に活用できる」ということにあった。

さらに、「鳥谷敬の強み」はどんな状況にあっても、自分が置かれた環境下で常にベストを尽くすことだと知った。二軍にいるときもそうだったし、内心では現役引退を決めたあとでさえも、引退を公にする当日までしっかりと野球に取り組むことができた。

自分が決めたことは、最後までやり切ることができる。

そんな長所が自分にはあるのだということを確認できたのだ。わかっているようで、実はよくわかっていないのが自分だという。

だからこそ、「自分を知る」ことは重要なのだろう。

自分を知る――。

これはプロ野球の世界だけではなく、ビジネスにおいてはもちろん、どんなときでも役に立つ重要なポイントであるはずだ。

自分の弱みを知れば、そこをカバーする方法を考えればいい。

自分の強みを知れば、それを伸ばすための努力をすればいい。

自分を知ることで、「次の一手」が打ちやすくなるのだ。

03

「自分を知る」ことで、真の価値が生まれる

前項に続けて、「自分を知る」ことの利点を述べてみたい。

先にも述べたように、高校時代までのわたしはいつも「いかにラクをするか?」ということばかり考えていた。

高校時代は自宅から学校に通っていたのだけれど、自宅で自主練習をしたことは一度もなかった。全員でランニングをする場合でも、みんなが2、3周するのを待ってからわざと遅れて合流することもしばしばあった。

そんないい加減な自分、怠け者の自分がいることをわたしは理解していた。

その一方で、他人の目を上手に使ってモチベーションを上げることとさえできれば、あとは決して怠けることなく頑張れる自分がいることにも気づいていた。

タイガース時代に1939試合連続出場、13シーズン連続全試合出場を記録することができたのも、周囲の人々に「鳥谷は試合に出続けるものだ」と思わせることで、「それならば出続けるしかないよな」と自分で自分を追い込めたことも一因となった。

2017年5月24日の対読売ジャイアンツ戦のことだった。

巨人・吉川光夫《よしかわみつお》投手の投じた一球が、わたしの顔面を直撃した。おびただしい量の鼻血が噴き出し、すぐに「鼻骨骨折だな」とわかったけれど、そこからしばらくのあいだは感覚が麻痺していたため、痛みはなにも感じなかった。

この瞬間、頭のなかをめぐったのが、「さあ、どうやって明日の試合に出ようか？」という思いだった。「明日の試合に出られるかどうか？」ではない、試合に出ることは前提として、「どうすれば問題なく出場できるか？」ということを考えたのだ。

連続試合出場記録を継続中だったからではない。「鳥谷敬」というプロ野球選手の特徴を考えた場合、わたしは試合に出続けなければなにも価値がない選手だということを自分自身で理解していたからである。

一プロ野球選手として考えた場合、鳥谷敬という選手はどんな選手だろう？

プロ入り以来ずっと、そのことを考え続けてきた。そんな自問自答の結果、わたしは自分のことを「突出したものがない選手」だと理解するようになった。

高校でも、大学でも、決して特別な才能を持つ選手ではなかった。投手としても、打者としても、自分よりも優れた能力を持つ選手がいた。常に誰かが「一番」

であり、わたしは二番手、三番手という存在だった。

すべてにおいて平均点以上の能力は持っているけれど、他人と比べたときに特別な「なにか」を持っているわけではなかった。プロの世界で成功できるのは「他人とは違うなにか」を誇る選手だという。そういう観点から見れば、わたしには成功の要素はない。

プロ入り当初、この点がコンプレックスでもあった。自分自身でも「なにかが足りない」「物足りない選手だ」と考えていた。常に「自分を知ろう」と意識していたことで、わたしは自分の欠点を明確に意識していたのである。

しかし、あるときから「それが自分の長所なのだ」と考えるようにした。すべてが平均点以上であるということは、それなりにバッティングもいいし、守備も安定していて、足もそんなに遅くないということでもある。

いくらバッティングが優れていても、足が遅ければ試合終盤の大事な場面で代走を出されてしまうことだろう。いくら俊足を誇っていても、まったく打てなければ打席に立つチャンスを与えられることはない。あるいは、いくらバッティングがよくても、守備に課題があれば指名打者制のないセ・リーグでは守備固めと交代させられてしまうことだろう。

けれども、わたしの場合はこうしたことがない。

突出したものがない代わりに、大きな欠点もない。だからこそ、途中交代も少なく、試合に出場し続けることができるのだ。これは他人にはない大きな武器である。


そう考えられるようになってからは、一気に気持ちがラクになった。

だから、鼻骨骨折の際にも「どうやって出場するか？」ということだけを考えた。2002年のサッカー日韓ワールドカップにおいて、ディフェンダーとして活躍した日本代表・宮本恒靖《みやもとつねやす》さんが黒いフェイスガードを装着して試合に出続けたことを思い出し、さっそく調べてみると、「製作には5〜6時間かかる」ということだったので、翌朝早くからつくれば、試合開始までには間に合うことがわかった。

翌朝になっても、鼻血は止まっていなかった。けれども、朝6時過ぎに家を出て、昼過ぎに完成したフェイスガードを持ち帰り、その日の夜の試合に出場することができた。本当ならばスタメンで出るつもりだったが、その間もずっと鼻血が止まらず、守備のあいだもポタポタ垂れてしまうということで、代打での出場となったのだ。

繰り返しいう。決して連続試合出場記録のためではない。わたしの場合は「試合に出続けることで価値を持つ選手だ」ということを自分で理解していたからである。

もしも試合に出ることをやめたとしたら、自分よりも価値のある選手に取って代わられてしまうからだ。

打つ、投げる、走る、ひとつひとつの能力ではわたしは必ず誰かに負けていた。自分は総合力で勝負するタイプの選手である――。

自分で自分のことをきちんと理解していたからこその決断だった。そして、その判断はやはり正しかったのだと、引退したいまもそう考えている。

04

自ら限界をつくらない

ロサンゼルス・エンゼルスの大谷翔平《おおたにしょうへい》選手の活躍が話題となって久しい。

アメリカ・メジャーリーグという世界最高峰の大舞台で、投手として、そして打者として、いわゆる「二刀流」で見事なまでに結果を残している。

世界中の野球ファンを魅了するのも当然のことだろう。

彼が人々を魅了する理由は、「誰もできなかったことを実践している」という点にある。

多くの評論家が、「絶対に無理だ」「どちらかに絞らないとどちらもダメになる」「二兎《にと》を追う者は一兎《いっと》をも得ず」と反対しているなかで、それでも自分の意思を貫き通した姿に快哉《かいさい》を叫んだ人も多いことだろう。

大谷選手の素晴らしさは、他人になんといわれようとも、自分の信念を曲げなかった点にある。

そもそも、プロ野球に進むほとんどの選手は、アマチュア時代に投手としても打者としてもチームの中心的存在であり、「二刀流」だった選手も多いはずだ。

しかし、レベルが上がるにつれて、「投手か、それとも野手か？」という二者択一を迫られ、そのどちらかに専念することになる。

わたしも、聖望学園高校時代は遊撃手兼投手として甲子園《こうしえん》に出場している。しかし、早稲田大学に進学した時点で投手をやめ、正遊撃手として試合に出場することになった。

当時のわたしは、そこになんの疑問も抱かなかった。

しかし、大谷選手は「別にどちらかに絞らなくてもいいのではないか?」「どちらもやりたい」という思いを抱いていたのだろう。

だからこそ、北海道日本ハムファイターズに入団する際にも、「プロでも二刀流を続ける」と宣言し、実際に日本でもアメリカでも、そのスタイルを貫いているのだ。

そこにあるのは、「自分で自分の限界を決めない」という思いだ。

自ら限界をつくらない者こそが、誰もできないことを成し遂げるのである。

わたし自身の例でいえば、「40歳になってもショートを守り続ける」という思いをプロ入り以来ずっと抱いていた。

一塁手、二塁手、三塁手、そして遊撃手と、数ある内野ポジションのなかでも遊撃手はさまざまな動きを求められると同時に、俊敏性も必要であるため、これまでずっと「ベテランになるとショートは守れない」と考えられていた。

しかし、わたしはその固定観念を打破したいと思っていた。

きちんとトレーニングを積み、正しく努力をしていれば、ベテランになっても十分、遊撃手は務まると考えていたのだ。とはいっても、まわりを見回しても40代になってもショートを任されている選手は皆無だった。

20代の頃は不動の正遊撃手だった選手も、30代を迎えて体力の衰えが見られ始めるとともに「負担を軽減するために」という理由で、二塁手や三塁手にコンバートされるケースばかりだった。

わたしは、そうした現状を変えたいと思っていた。

誰かが40歳になっても、45歳になってもショートを守るということを実現すれば、それがひとつの指標となり、そこからは「40代ショート」もあたりまえに誕生するだろう。そんなことを考えていたのだ。

競技は違うけれども、例えば陸上競技において、誰かひとりが新記録を樹立すると、それ以降立て続けに数名がそれに近い数字を記録することがある。

ひょっとしたら、人間は無意識に限界を決めてしまっているのではないだろうか？　でも、なにかの拍子にその限界が取り払われたときに、人はさらなる第一歩を踏み出せるのではないのだろうか？

現役最終年となった2021年シーズン。40歳を迎えるこの年の開幕戦で、「七番・ショート」としてスタメン出場を果たした。39歳9カ月での開幕スタメンは、遊撃手としては史上最高齢の記録となった。

他人から見れば、それは些細《ささい》なことかもしれない。けれども、若いときからそれをずっと目標としてきただけに、その達成感はとても大きなものだった。

大谷選手の活躍によって、「両方やってもいいんだ」と考える子どもたちも増えたはずだ。これからは、「二刀流」の選手が増えてくるかもしれない。

同様に、「40歳でもショートはできるんだ」と考える選手も出てくるだろう。

現にジャイアンツの正遊撃手である坂本勇人《さかもとはやと》選手は、30代を迎えてもなおチームの中心として、内野の要としてショートの重責を見事に果たしている。

自ら限界をつくらない――。

この思いを持つ者だけが、人とは違う景色を見ることができるのだろう。「前例がないから」「誰もやっていないから」という理由で、自らに制約を設けることはもったいないし、なにも意味はない。

自分で自分の限界を決めてはいけない。

05

やるかやらないかは自分で決める

プロ入り以来、「40歳でのショート出場」を目標としていたものの、プロ15年目、37歳となる２０１８年シーズンは春季キャンプ中盤で、二塁手の練習に取り組むことになった。

その前年にはチーム事情から三塁手にコンバートされ、ゴールデングラブ賞も受賞した。もちろん、ショートへのこだわりは捨ててはいなかったけれど、「サードであれば、数年間はバッティングに集中しながら出場することもできそうだ」と手応えを覚えていた。

しかし、翌年の春季キャンプでは「大山悠輔《おおやまゆうすけ》をサードで起用したいから、セカンドを守ってほしい」と告げられた。大山のバッティングはチームにとって魅力的だった。ルーキーイヤーの前年には一塁手として出場する機会の多かった大山をサードにコンバートして、新外国人にファーストを守らせる。その結果、わたしはサードからセカンドへの再コンバートを命じられたのだ。

その瞬間、「またこれで試合に出られなくなりそうだな」という思いが頭をよぎった。このときの正直な思いとしては、「これがプロの世界だ。仕方ないな」という思いと、「せっかくサードに慣れてきたのに……」という思いが交錯していた。

37歳で新たなポジションに挑戦することは簡単なことではない。

しかも、それを告げられたのは練習メニューも順調に消化していたキャンプ中盤のことだった。キャンプ序盤はわたしがサードを守り、大山がセカンドの練習に取り組んでいた。しかし、彼は不慣れなセカンドに戸惑っており、「ひょっとしたら、オレがセカンドを守ることになるのかもしれないな」という予感があったが、期せずしてそれが現実のものとなってしまったのだ。

心の準備はできてはいたけれど、突然の指令に納得したわけではない。実際のところ、いまでもそれを受け入れているわけではない。

けれども、前述したようにどの選手を起用するかを決定するのは監督である。監督の指令に不満があるのならば、自分が監督となるか、あるいは環境を変えるために他球団に移籍するしかない。

現実的に、そのどちらの方法も選択できない以上は指示にしたがうしかない。

大切なことだから、もう一度いう。重要なのは「受け入れられるかどうか?」ではない、選択肢がないのなら「やるしかない」のだ。

社会生活を営むうえで、どうしても納得できないこともある。

新型コロナウイルス禍や不況、戦争など、自分の意思ではどうにもできない社会環境もある。たとえ受け入れられなくても、目の前の現実から逃れられないこともある。

そんなときは、「受け入れられるかどうか？」などと、悠長なことをいっている場合ではない。納得できなくてもやるしかないのだ。

セカンドでしか出場チャンスがないのであれば、セカンドの練習に励むだけだ。

このときの自分にできることは、ただそれだけだったのだ。

はっきりいえば、この時点でタイガースにおけるわたしの優先順位はかなり下のほうだった。「大山を使う」、つまりは「鳥谷を使わない」という前提で物事が決められていることは自分でもわかっていた。そのことについて納得はできなくとも、理解はしていた。それがプロの世界であるということもわかっていた。

この時点で、すでに野球人生の終焉《しゅうえん》が近づきつつあることも理解していた。確実に終わりに近づいているのであれば、余計な波風を立ててチームに混乱をきたたすよりは、目の前にある自分のやるべきことに集中したほうがいいと考えていた。

この頃、わたしの胸のなかにあったのは「やるかやらないかは自分で決める」という思いだった。それは、決して意地とかプライドではない。他人からの影響や環境によって、自分の人生を左右されることが嫌だっただけなのだ。

小さい頃から、「自分で決めたことは最後までやり遂げよう」としてきた。両親からも厳しくこの教えを徹底されて育ってきた。

高校生までは練習をサボりたがる不真面目な選手だった。しかしそれは、「練習しなくていいや」と自分で決めたことを徹底していただけであり、「きちんと練習しよう」と決意した大学時代からは、自分のやるべきことはどんなときでも欠かさずにやり続けてきた。

この思いはプロに入ってもまったく変わらなかった。自分が「やる」と決めたことは最後までやり通す。「やらない」と決めたことは、まわりになんといわれようと気にしない。そこにブレはまったくなかった。

わたしが決意していたのは「40歳までショートで試合に出続ける」という思い

だった。この時点ではショートでもなく、サードでもなく、新たなセカンドというポジションだったが、もしもほかの選手に不測の事態が訪れたときには、再びサード、あるいはショートを守るチャンスが来るかもしれない。

その思いがあったからこそ、わたしは腐ることなく練習に取り組むことができた。大切なのは、「やるかやらないかは自分で決める」という意思なのだ。

やると決めたら、なにがあっても最後までやり抜くこと。
やらないと決めたら、なにも気にせずやらなくてもいい。

他人にいわれて決めることじゃない。自分で決めることなのだ。

06

自分のことは意外となにもわかっていない

「朝10時半に球場に来てくれ……」

２０１９年シーズンの途中、タイガースのフロントから電話がかかってきた。プロ16年目のシーズン、38歳になっていた。この年は出場機会も激減し、当時の矢野燿大《やのあきひろ》監督の構想に入っていないことは、自分でも十分に理解していた。シーズン途中の突然の電話である。翌年の去就についての打診であるということは容易に想像できた。

おそらく「20年シーズンは構想外だ」と告げられたうえで、そのまま指導者としてタイガースに残るのか、それとも他球団移籍の道を模索するのか、ここからなんらかの話し合いが始まるのだと予想していた。

しかし、実際はそうではなかった。

球場に併設されている球団事務所に着くとすぐに、「来年は戦力として考えていないから、やめてくれないか？」といわれた。ここまでは想定内ではあったが、話し合いはそれだけで終わってしまったのだ。

自分としては、「もしも現役を続けたいのならば、最低年俸でも構わないか？」とか、「引退後のポストとして、こんな役職を考えているのだが？」など、なんらかの提案を受けたあとに両者で落としどころを見つけていくことをイメージしていたのだが、なんの交渉の余地もなく、「今年で終わりだから」と告げられたのである。

そして、「どうする？」と聞かれたので、「そういうことであれば、他球団を探します」とわたしは答えた。この間、時間にして10分程度だった。

身体も元気だったし、プレーの衰えを感じていなかった。わたしのなかには「このままやめる」という選択肢がなかった。だから、なにもあてはなかったけれど、「新たにチームを探します」と答えたのだ。

その根底にあったのは、先に述べたように「自分でコントロールできないことは気にしない」という思いであり、「やるかやらないかは自分で決める」という考えだった。

クビになりたくなければ、自分がタイガースの球団社長になるしかない。しかし、実際にそれが無理であるならば、そこで抗《あらが》うよりは、次の一手を探したほうがいい。どうにもならないことを考えていても、疲れるだけだからだ。

すぐにこのやり取りはマスコミに知られ、連日、スポーツ新聞をにぎわせることになった。矢野監督も「鳥谷は、クライマックスシリーズ（ＣＳ）の大事な戦力として考えている」といってくれたが、実際の起用法を見れば、「自分はすでにチームの戦力ではないのだろう」という割り切りはできていた。

ファンの人たちは「長年の功績に対して、あまりにも一方的で失礼だ！」と、球団の対応について憤《いきどお》りを表明してくれた。それは嬉しいことではあったけれど、正直なことをいえば「自分の野球人生はその程度のものだったのだな」という思いだったのは確かだった。

決して投げやりになっているのではなく、自分の置かれている立場や環境を冷静に考えてみると、「それが現実なのだ」という思いだった。

自分ではやるべきことをやってきたし、それなりの成績を残してきたつもりではあった。しかし、実際のところはそうした扱いを受けるだけの存在でしかなかったのだ。

自分のことは、自分が一番よく理解している――。

一面では正しいのかもしれない。しかし、自分のことは意外とわかっていないのも一面では正しい。自分のことは自分では見えないこともある。他者のほうが正しい評価、判断を下すこともある。

そこは素直に認めたほうが「次の一手」を打ちやすくなる。

繰り返しになるけれど、このときわたしはそれまで積み上げてきたことに対して虚《むな》しさを覚えたり、投げやりになったりはしなかった。

むしろ、「この環境が嫌ならば、自分で環境を変えるしかない」という思いしかなかった。チームが「おまえはもういらない」というのであれば、それを覆《くつがえ》す努力をするのではなく、「新しい環境をどうやって探そうか？」と考えたほうが賢明である。

韓国や台湾など、海外チームでプレーをするつもりは微塵もなかった。日本国内の独立リーグで若い選手たちとともに汗を流す考えもまったくなかった。

「野球が大好きだから、どんな環境でも続けたい」という人がいるけれど、そもそもわたしにはまったくそんな考えはなかった。「はじめに」でも述べたように、わたしは野球がそこまで好きではない。野球が得意だったから続けてきただけで、あくまでも「仕事」としてプロ野球選手であり続けてきただけだ。
ならば、タイガース以外の11球団のなかから、新たな所属先を探すしかない。
どこも決まらなければ、そのときはそのまま引退すればいいだけのことである。

結果的に、翌春のキャンプ中にマリーンズに入団することが決まったのだが、この時点ではなにも決まっていなかった。

それでも、自分のやるべきことは明確だった。自分のことは意外となにもわかっていないからこそ、他者の評価や判断には素直に耳を傾ける。けれども、そのうえでどんな選択をするか、どんな道を歩むかを決めるのは自分自身なのである。

07

怒りの矛先は、「他人」ではなく「自分」に向ける

引退会見の席上、現役時代を振り返って、「野球選手の鳥谷敬というのを一生懸命演じている。そういう感じだった」と発言した。

元々の性格はすごく短気で、すぐにイライラしてしまうタイプだ。しかし、野球選手としてグラウンドに立つ際には「怒る」という感情は完全に捨てていた。チームのために自分の成績を残すうえで、「怒る」という感情が役立つことはまったくない。「怒り」は「力み」に変わり、その結果必ず失敗を招くことになる。

もちろん、「怒り」をエネルギーに変えて力を発揮する選手もいるだろう。しかし、少なくともわたしの場合はマイナスになるだけだった。

試合中に怒りを爆発させて、バットやグローブを叩きつけている選手もいる。本人はフラストレーションのはけ口として、そのような行動をしているのかもしれないけれど、まわりで見ている者にとってははた迷惑でしかない。

わたし自身は、そう考えていたから、道具に八つあたりをすることはまったくしなかった。いや、そもそも「怒り」だけではなく、グラウンドでは「喜怒哀楽」すべての感情を表に出すことをよしとしなかった。

殊勲打《しゅくんだ》を放っても、決して派手なガッツポーズはしなかった。

わたし自身が、相手にやられていい気分がしないからという理由もある。同時に、「なにくそ」と、相手を発奮させることになるかもしれない。

だから、高校時代からずっとガッツポーズを封印している。

たとえ逆転打を放ったとしても、まだ試合が終わったわけではない。相手の攻撃が控えているのであれば、その瞬間からすぐに守りに対する意識を持たなければならない。あるいは、サヨナラホームランを放ってその試合に勝利したとしても、ペナントレースはまだ続くのだ。浮かれることなく、翌日の試合に備えて頭を切り替えなければならない。

たとえ優勝が決まった瞬間であっても、現役でいるあいだ戦いは続くのだ。ヒーローインタビューでも、アナウンサーの方には申し訳ないが、わざと口数少なく答えていた。例外はあるにせよ、優秀な成績を残している一流選手たちは派手なパフォーマンスをしないから、それを見習いたいとも思っていた。

こうした一連の思考プロセスを指して、「鳥谷敬を演じている」と発言したのである。

わたしはしばしば、「覇気がない」と批判されることがあった。勝っても負けても常に淡々としているからであり、成功しても、失敗してもいつも表情が変わらないからである。

もちろん、わたしにだって喜びもあれば怒りもある。その感情をそのまま表に出すことで、自分のパフォーマンスが向上するのであれば、積極的に感情表現をしたことだろう。しかし、感情の赴《おもむ》くままプレーしたとしても、決していいプレーができるはずもなく、むしろパフォーマンスの妨げになると考えていた。

怒りを爆発させているのは自分を強く見せたいためのパフォーマンスなのではないのか？　本当は弱くて自信がないからこそ、あえて示威行動として「怒り」を利用しているのではないのか？

わたしは、「怒り」をそのようにとらえている。

では、試合中にどうしても抑えることのできない「怒り」を感じたときにはどうすればいいのか？

わたしの場合は、怒りのベクトルを他人ではなく、自分に向けるように意識してきた。なにか腹が立つことが起こったとき、まずは「どうして、この人はこんなことをするのだろう？」とか、「なぜ、こんなことをいうのだろう？」と考えるのだ。

自分の思いどおりに物事が進まなかったときには、「なにがいけなかったのだろう？」「失敗の原因はなんだろう？」と考えるのである。

怒りのベクトルを「他人」にぶつけると、そこからは反発しか生まれず、相手との衝突も避けられなくなる。

そうではなく、腹立たしい出来事に遭遇したり、苛立ちを感じたりしたときには、自分自身に対して「どうして？」「なぜ？」と問いかけてみるのだ。

最初は慣れないかもしれないけれど、わたしは大学生の頃から「どうして？」「なぜ？」と問いかけているうちに、気がつけば無意識にできるようになっていた。鳥谷敬を演じているうちに、怒りの感情をコントロールできるようになっていたのだ。

タイガース時代の終盤、なかなかチャンスが与えられなかった。もちろん悔しさはあったけれど、怒りに任せて自暴自棄にならずに済んだのは、この思考プロセスがあったからである。

怒りのベクトルは「他人」ではなく、「自分」に向ける――。

これが、誰にでもできる、「鳥谷流アンガーマネジメント」である。

- □ 自分でどうこうできないものに対して、悩んだり、考えたりせず、自分のやるべきことをしっかりこなし、万全の状態で時が来るのを待つ。

- □ 自分の「弱み」を知ることで、自分の「強み」が発見でき、なにをすべきか「次の一手」が打ちやすくなる。

- □ 自分自身がどのような特徴を持った人間かを理解できれば、あとはそれを生かす方法だけを考えればいい。

- □ 固定観念にとらわれず、自ら限界をつくらない者こそが、誰もできないことを成し遂げられる。

- □ やるかやらないかは自分で決め、「やる」と決めたことは最後までやり通す。

- □ 自分のことは意外とわかっていないもの。他者の評価や判断に素直に耳を傾けると、次になすべきことが明確になる。

- □ 腹立たしい出来事に遭遇したり、苛立ちを感じたりしたときには、自分自身に対して「どうして？」「なぜ？」と問いかけてみる。

第2章

「他人の目」を利用して考える

08

「他人の目」を使って、自分を律する

野球をしていた頃、毎朝「球場に行きたくないな」と思っていた。はっきりいえば、「面倒くさいな」といつも感じていた。

わたし自身、多くのプロ野球選手のように、「子どもの頃から野球が大好きだった」というタイプではなく、たまたま人よりも野球が上手だったから、小学生の頃からずっと続けていただけだった。

父親はサッカー経験者だったので、わたしもサッカーが大好きだった。

小学1年生のときに柔道を始めた。野球を始めたのは小学2年生の頃のことだ。小学生時代は月・水・金曜日は柔道、週末は野球という二足のわらじを履いた。

個人競技である柔道と団体競技である野球と、それぞれの魅力があったけれど、中学生になるときに野球に専念することを決めた。シニアリーグに入ると同時に、右打ちから左打ちに変えることにした。本腰を入れて、野球に取り組むためだった。

しかし、中学時代は一気に身長が伸びたことで成長痛になり、ひざを故障してしまって満足に走ることができなくなった。ようやくレギュラーの座をつかんだものの、今度は背中の肉離れに悩まされて、満足なプレーができなくなった。

それでも野球を続けていたのだが、高校進学時には真剣に「これで野球をやめよう」と決意した。「高校では大好きなサッカーをやってみようか」、そんなことを考えたこともある。しかし、「強制はしないけれど、できれば野球を続けてほしい」という父のひと言をきっかけとして、高校でも野球を続けることを決めたのだった。

以降、早稲田大学でも野球部に入り、タイガース、ロッテマリーンズと野球ひと筋の生活を送ることになった。

怠け者で、それほど好きでもなかった野球をここまで続けることができたのは、「自分の意思」ではなく、「他人の目」のおかげだった。

現役時代、「鳥谷はすごく練習熱心だ」といわれていた。誰よりも早く球場に行き、黙々とランニングをしていたからだ。その姿が広まってくると、ますます「鳥谷はストイックだ」「練習の虫だ」と話題になるようになった。

練習をすればするほど、いい結果となって自分に跳ね返ってくるということを知っていたから、練習するのは当然のことだと思っていたが、最初に述べたように、元来は怠け者であり、「できれば球場に行きたくないな」というタイプの人間だ。

けれども、マスコミをはじめとして、ファンのあいだにまで「鳥谷は練習熱心だ」と広まってしまうと、サボったり、手を抜いたり、ましてや遅刻したりすることはできなくなる。第三者が自分のことを「練習熱心だ」と見ているのならば、その認識を自分のためにうまく利用したほうがいい。そう考えていたのだ。


連続試合出場記録が続いているときも、同様の考えだった。

毎日試合に出続けていれば、疲れも溜まってくるし、大なり小なり故障も抱えていく。「今日は試合に出たくないな……」と思う日だって、当然ある。

それでも、何年も連続試合出場記録を継続していると、まわりの人々は「鳥谷は試合に出ているのが当然だ」という思いになっていたことだろう。

ならば、その思いを自分のために利用すればいい。

第1章でも述べたように、わたし自身はなにか突出した才能があるわけではなく、「打つ、守る、走る」、それぞれを満遍《まんべん》なくこなすことで評価されるタイプの選手だった。自己評価をするならば、すべての項目が5段階評価で3・8ぐらいの選手だろうか。ひとつも「5」はないし、決して「4」でもない。少しでも休んでしまうと、自分のポジションを誰かに奪われてしまう恐怖が常にあった。だから、試合に出続けるしかなかったのだ。この間、何度もケガをしたけれど、チームに迷惑がかからない限りは、自分からは「無理です」「試合を休みたい」とはいいたくなかったし、実際にいったこともない。

その際に大きな力になったのが、「毎試合、試合に出るのはファンに対する義務である」という思いだった。キャンプ期間やシーズンオフに病院を慰問《いもん》し、「病気が治ったら、ぜひ球場に見に来てくださいね」と約束したのに、当の本人が試合に出ていなければ、子どもたちはガッカリすることだろう。

自分の子どもたちにも、「一度でも自分で決めたことは最後までやり通すこと」と常にいっている。しかし、その言葉を発した父親が、実際は自堕落な生活で、有言不実行だとしたら、子どもたちの教育にもよくないのはいうまでもない。自分で口にした以上、自ら率先して手本を見せるしかないのだ。

こうしたこともまた、わたしにとっては「他人の目」なのである。

正直にいえば、他人からどう思われようと、どのように見られようと、わたしはまったく気にしていない。その反面、自分の価値を高めることにはかなりの意識を置いてきた。基本軸にあるのは、「他者ではなく、あくまでも自分自身」という思いがブレずにあるからだ。

けれども、それがチームやファンや家族のためになり、さらに自分の役に立つのであれば、積極的に「他人の目」を利用したほうがいい。

怠けそうになる自分を律するときに、「他人の目」は大きな力を発揮する。

09

無理な人づきあいはいらない。自分主導で行動せよ

正直なところ、人づきあいはあまりしたくない。

わたし自身、決して人見知りだとか、照れ屋だとかという性格ではないが、特別、社交的なタイプではないので、現役引退後に人前に出て発言を求められる機会が増えたときに、「きちんとしゃべれるかな？」と半信半疑だった。

しかし、テレビの生放送でも、イベントのゲストでも、聞かれたこと、求められたことは過不足なくきちんと答えることができているという実感はある。

もちろん、まだまだ「どうすればわかりやすい解説ができるか？」と勉強することは多い。やはり、新たなチャレンジは意外と楽しいものでもある。

それでも、積極的に人づきあいをしたいと思わない理由は、人と交わることによるリスク……いや、「リスク」という表現は大袈裟《おおげさ》かもしれないけれど、シンプルに「面倒なこと」が増えてくるからだ。

例えば、人と仲良くなればなるほどお願い事をされることも増えてくる。その結果、本当は嫌なのに断り切れずに引き受けることもあるかもしれない。そのすべてに応えることもできず、気まずい思いをして断るケースもあるだろう。

あるいは、人からなにか厚意を受けた場合、そのお礼を考えなければならなくなる。その数が膨大なものとなってしまったら、すべてに返礼ができないこともあるかもしれない。それを心苦しく思うこともあるだろうし、時には「なんでお礼をしないいんだ！」と相手の怒りを買うこともあるかもしれない。

言葉は適切ではないかもしれないけれど、人と交われば交わるほど「面倒くさいこと」は多くなってくるとわたしは感じている。

そのために、貴重な時間を費やすことをわたしはよしとしない。

友だちを含めて、関係する人が多くなればなるほど、それぞれの考えやエゴが出てくるのは当然のことで、そうなれば、意見の一致を見るのは難しくなる。

調整のために多大な労力を費やす必要があるのならば、自分ひとりでいて、自分の考えで、自分の時間を有効に使ったほうがずっといい。

例えば、「今度、食事に行きましょう」と、1カ月後の約束をしたとする。約束したときには楽しみでも、約束の日までのあいだに気が変わることもあるだろうし、「行きたい」という気持ちから、「約束したのだから行かなければ」というマインドに変わってしまうケースも多いものだ。「〇〇したい」と、「〇〇しなければならない」とでは、精神的な負担はまったく変わってくる。

この間ずっと、「○月○日は○○さんと食事に行く」ということが頭の片隅に残っているのも、予定に追いかけられているようで気ぜわしい。

「利己主義な考え方だ」「自分勝手だ」といわれるかもしれないけれど、自分主導で行動するほうがあきらかにラクであるのは確かだろう。

現役時代から、時間があるときにはなるべく書店に行くようにしている。

レギュラー選手としての出場機会が減り、少しだけ時間の余裕ができたときには特にたくさんの本を読んだ。読書の効用というのは、自分がまったく経験したことのないこと、無縁の世界を知ることであったり、一流のプロフェッショナルが何年も、何十年もかけて体得したりしたことを、本を通じて数時間で追体験できる点にある。

人づきあいにも、同じ効用がある。

自分の知らない世界の人に会い、その体験談や経験則を聞くことは、自分の視野を広げる絶好の機会となることだろう。だから、自分のためになるのであれば積極的に人と会うことをわたしはいとわない。

こうしたメリットを重々承知しつつ、それでも人づきあいによって奪われる時間のロスはとても大きいと、わたしは考える。

ここまで話していて、わたしは「時間の使い方」を最重要視していること、そして、人づきあいによって時間のバランスを乱されることにストレスを感じているのだと気がついた。最近の言葉でいえば「タイパ」ということになるのだろうか？　「コストパフォーマンス」ならぬ「タイムパフォーマンス」をわたしは優先していたのである。

決して、「人づきあいをしたくない」のでもなく、「人づきあいが苦手だ」というわけでもない。自分の頭のなかで計画している予定を他人によって崩されたり、乱されたりすることが嫌なのだ。

だから、現役時代にはオフシーズンのゴルフの誘いはほぼ断っていた。テレビ出演のオファーも何度もいただいたが、出演することはほとんどなかった。

スタジオに1時間拘束されるとして、自宅からテレビ局に向かうのに1時間、収録後帰宅するのに1時間、合計3時間が必要になる。例えば、出演料が10万円だとしよう。実働3時間で10万円、これを高いとみるか安いとみるかは、人それぞれだとは思うが、わたしは「3時間のコストをかけるなら、そのぶん練習したほうがいい」と考える。そのぶんの時間を練習にあてることで技術向上につながり、成績を残すことができれば数十万円も数百万円も年俸アップの可能性がある。あるいは、「3時間ゆっくり休んだほうが、翌年のケガ防止につながるかもしれない」と考えたかもしれない。

そもそも、お金の問題ではなく、「自分にとって有益なものなのか？」「自分の興味のあることなのか？」ということを最優先していた。

人づきあいが有用であると考えるのならば、積極的にいろいろな人と交流すればいい。けれども、わたしのように「時間の使い方」を大切にしていて、「この飲み会は意味がないな」と感じるのなら、無理に人づきあいを続ける必要はない。

本当に大切な人、自分のことを理解してくれる人が数人いればそれでいい。限られた時間を有効に使うために、ひとりの時間を大切にしたいと、わたしは考えている。

10

苦手な人ほど、学びは多い

人から誘われたとき、乗り気でない場合ははっきりと「ノー」ということができる。しかし、学生時代、あるいはプロの世界に入ったときには、先輩からの誘いを断ることはできなかった。

まったく楽しくないのに、酒場に繰り出し、無為な時間を過ごすことも多かった。当時から「時間の使い方」を最優先していたわたしにとって、ただダラダラと過ごすだけの無駄な時間は本当に耐えられなかった。

しかし、ある程度のキャリアを積み、プロの世界で実績を残すにつれて、自分の意思を最優先して、行きたくないときにははっきりと「ノー」というようになった。その結果、次第に誘われる機会も減っていったのだが、わたしとしてはそれで困ることはなにもなく、むしろ好都合だった。

読者のみなさんも、気乗りしないのに「つきあいだから断れない」というケースが多いことだろう。もちろん、わたしにもいまでもそんなケースはある。

本当ならば、「ちょっと予定があるので……」となんらかの理由を見つけて断ればいいのだろう。しかし、日々接する会社の上司や取引先からの誘いを無下《むげ》にすることもできないのだとしたら、置かれた環境のなかで取り得る最善策を探すしかない。

気心の知れた人からの誘いならまだしも、自分が苦手だと思っている人、どうにも相性が合わない人の場合はなおさらつらい時間を過ごすことになる。

そんなときには、「自分が苦手な人ほど、実は学びが多いのだ」と考えるようにしている。楽しいときはあっという間に時間が過ぎる。その一方で、苦痛で仕方ないときには、本当に時間が経つのが遅く感じられる。

ならば、その「苦痛な時間」でさえも有効に使う方法はないか？

そのようにマインドチェンジを試みるのである。

例えば、最初に考えるのは「どうして、わたしはこの人が苦手なのだろう？」ということだ。「理由はわからないけど、この人といると落ち着くな」と感じる人がいるように、「なんだかわからないけど、この人といるとイライラする」という人がいる。

このとき感じた「理由はわからないけど」や、「なんだかわからないけど」を、あらためて自分なりに掘り下げて考えてみるのだ。

話し方が嫌いなのか、話の内容が退屈なのか？
あるいは延々と自慢話をするからなのか？
同じ話を何度も何度も繰り返すからなのか？
店の店員やタクシー運転手に対する態度が尊大だからなのか？

こうした視点で「観察」していると、いろいろな気づきが生まれてくる。その結果、「この人のこういう考え方が、自分には合わないのだな」とか、「こういう態度は他人を不快にさせるんだな」という発見がある。

そうなれば、それを反面教師として、「自分はこういう考え方はやめよう」とか、「他人に接するときにはこういう点を注意しよう」と、今後に生かす道筋となる。

それだけでも、ただイライラしているだけよりはずっと意味のある時間となる。

はじめは、ただ「苦手な人だな」と感じるだけだったものが、このプロセスを経ることで「この人はこういう人なのだ」と、多少の受け入れ態勢も生まれてくる。

そう思えるだけで、心理的な負担はかなり軽減されることだろう。

自分が経験していないことを体験している人、自分とはまったく異なる発想や視点を持つ人はすごく大切な存在だ。

これは、相手の「長所」だけではなく、「短所」においても同じことがいえるだろう。見習うべきことは、「いいところを盗んでやろう」と貪欲に取り入れればいい。一方で、欠点については、「ここは絶対に真似したらダメだな」と反面教師にすればいい。

そう考えると、すべてに無駄がなくなる。

わたしはいつも、「物事は先入観なくフラットに見よう」と考えている。いい面も、悪い面も、いずれもきちんと見極めなければ、正しい判断はできない。正しい判断をするための材料のひとつとして、苦手な人との時間を利用するようにすれば、不快な思いはかなり軽減されるはずだ。

あらためて思うのが、ここでもやはり「いかに時間を有効に使うか?」という思いが、自分の根底にあるのだということだ。

どうせ断ることができないつきあいであるならば、その時間を少しでも無駄にせずに自分のためになるように使う方法を考える。

そのために「他人」という存在を上手に活用する。損得勘定だけを重視した、いかにも打算的な考えのように見えるかもしれないが、それでも、苦痛を軽減し、時間を有効に活用するひとつの方法であることは確かだと、わたしは思う。

11

人づきあいは、「近すぎず、遠すぎず」の距離感で

プロの世界で18年間、プレーしてきた。

この間、ルーキーイヤーの岡田《おかだ》彰布《あきのぶ》監督から始まり、現役最終年の井口《いぐち》資仁《ただひと》監督まで、多くの監督のもとでプレーしてきた。どの監督にもそれぞれの個性があり、いろいろなことを教わった。そのすべてが、現在の自分の血となり肉となっている。

選手にとって、「自分を使ってくれる監督はいい監督」であるから、客観的に「いい監督、悪い監督」と分けるのは難しいことだ。

けれども、プロの世界で最初の監督である岡田さんには、本当に多くのことを教わった。入団前に、「鳥谷がいれば10年間はショートの心配はない」といっていたという。当時は、前年優勝したときのレギュラーとして藤本敦士さんが在籍していたにもかかわらず、開幕スタメンで起用してくれたし、この年の夏には藤本さんがアテネオリンピックに招集されたことをきっかけに、ショートを守る機会が急激に増え、翌年からは、わたしがレギュラーに定着することになった。

おそらく、岡田さんのもとには「なぜ、藤本を使わないのか?」という声が殺到したことだろう。それでも、岡田監督は「鳥谷を起用することが、今後のタイガースのためになるのだ」という強い信念を持って、わたしを使い続けてくれた。

その結果、少しずつプロ野球選手としての実力、心構えを身につけていくことになった。やはり、「使ってくれた監督はいい監督だ」の言葉ではないけれど、岡田さんには、いくら感謝しても足りないほどだ。

選手としてはとてもやりやすい監督だった。

直接なにかをいわれることはなかったが、一度監督からの信頼を勝ち取ることができれば、どれだけ調子が悪くても、「そもそも打つとは思って起用していないから、たとえ打てなくてもなんとも思わんよ」と、交代させられることはなかった。だからこそ、目先のことに一喜一憂せずに、シーズンをトータルで考えて試合に臨むことができた。それだけでも、プレッシャーはかなり軽減されることになった。

選手がやりやすい環境をどうやってつくればいいのか。それをすごく考え、きちんと実践される監督だという印象がとても強く残っている。

岡田さんから学んだことのひとつに、「選手との距離感」がある。

自分が仕《つか》えてきた歴代監督を振り返ったときに、岡田監督の最大の特徴は「絶妙な距離感」にある。「監督と選手」というのは一蓮托生《いちれんたくしょう》であるけれども、だからといってあまり距離が近すぎても、遠すぎてもいけない。

その点、岡田さんは常に一定の距離感を保ちながら選手たちと接していた。そのバランスは絶妙だった。

岡田さんの場合、なにかミスがあっても、選手のことを直接叱るなどすることはまったくなかった。もちろん、罵倒《ばとう》するなんてこともない。岡田監督の根底にあるのは「選手ができないのはコーチの責任だ」という思いであり、同時に「選手のミスは、起用した監督が責任を持つべきだ」という考えがあったように思う。

実際、コーチたちにはかなり厳しくあたったこともあるようだけれど、直接、選手たちを非難するようなことは一切なかった。少なくとも、わたしに対しては皆無だ。

同様に、監督から直接激励の言葉をかけられることもなかったのだが、岡田監督時代は島野育夫《しまのいくお》コーチの存在がとても大きかった。当時、岡田監督は40代後半で、島野さんは還暦を過ぎていた。年長者である島野コーチが、絶妙のコンビネーションで岡田監督をサポートしていた。

プロ2年目となる2005年シーズンから、島野さんはタイガースに復帰したのだが、島野さんは試合に出ていない選手へのケアが絶妙だった。

不調に苦しんでいるときでも、「きちんとやっておけば大丈夫だから」と声をかけてもらった。その「大丈夫」という言葉に重みがあり、心から「本当に大丈夫だな」と思えるものだった。島野さんの言葉には独特の安心感、納得感があったのだ。

これは岡田監督に命じられて、そのような言葉をかけてくれたのか、それとも島野さん自身のキャラクターによるものなのかはわからないけれど、入団直後のタイガース首脳陣のコンビネーションは、わたしにとってとても過ごしやすいものだった。

ここまでのことは、プロ野球の世界における「監督と選手」という特別な関係性の話かもしれない。でも、一般社会における人間関係だって、「近すぎず、遠すぎず」という距離感はとても役に立つのではないだろうか？

2008年シーズンを最後に、岡田監督がチームを去ることになった。最後のあいさつに伺ったときのことだ。

「ショートとして打率2割8分も打ってくれたら、監督としては安心して1年間、メンバー表に同じ名前を書くことができる。これは超一流よ」

この言葉は本当に嬉しかった。

やはり、自分のことを信頼していてくれたのだということ。そして、じっと見守ってくれていたのだということ。

岡田監督の優しさを実感することになった。在任中は、決して近い存在ではなかった。けれども、決して遠い存在でもなかった。

近すぎず、遠すぎず——。

絶妙の距離感こそ、人間関係において大切にしたいことだと肝に銘《めい》じている。

12

他人の期待には応えなくていい

熾烈《しれつ》なプロ野球の世界で居場所を確立するには、自分の能力や特徴をきちんと見極めたうえで、他人とは違う自分ならではの個性を発揮することが大切になる。その際に、プロ野球でいえば「監督」、ビジネスの世界でいえば「上司」にとって使い勝手のいい、いわゆる組織においての〝必要なピース〟に徹することもとても大切だ。

このとき、ひとつの問題が生じる。

自分の能力をそのまま発揮することが、チームや会社のプラスになるのであればなにも問題はないが、時と場合によっては「組織のために」、自分の持ち味を殺さざるを得ないケースもあるということである。

18年間に及ぶプロ野球生活のなかで、何度かそんなケースがあった。

すでにベテランとなっていた2015年オフ、チームメイトだった金本知憲さんが監督となった。金本監督は就任早々、わたしに対して、「レギュラーは確約だ」といってくれたが、同時に「長打力をアップさせるために、あと3~5キロは体重を増やせ」といい、同時に「打撃フォーム改造を」と口にした。

このとき金本監督は、「鳥谷が変わらなければ、このチームは変わらない」と宣言した。そして、「おまえ自身が変われ！」とはっきりと口にした。

かつて、現役選手同士であった頃は、金本さんからの言葉は「先輩からのアドバイス」として受け取ることができた。挑戦してみて、「やっぱり合わないな」と思えば、それで済んだ。しかし立場が変わり、「監督と選手」という関係性となった以上、金本さんからの言葉は「監督からの指示」に変わる。

監督命令は絶対である。わたしは、新たな挑戦を試みることとした。

3～5キロの増量によって体型が変われば、バッティングのバランスも変わってしまう。また、急激な体重増によって、ひざを壊してしまう可能性もある。金本監督は「体重を増やした結果、動きづらくなったとしたら元に戻せばいい」といってくれたので、わたしはバランスも崩さずにパワーも出るベストな体重を模索した。打率をキープしながら飛距離もアップできるポイントを探したのだ。

同時にこのとき、打撃スタイルの変化も求められた。

それまでは走者がいるときでも、特別なケースを除いては比較的自由に打たせてもらっていた。しかし、金本監督の理想とするスタイルは「最低でも進塁打を放って、走者をひとつでも先の塁に進める野球」だった。

当然、塁上に走者がいるときには、「一、二塁間に引っ張るように」という指示が出された。例えば、入団当時の岡田監督は同様のケースでも、「おまえはレフトに流し打つのが得意なのだから、特に右方向を意識せずに自由に打って構わない」といわれていたので、打球方向を強く意識することなく打席に立つことができた。しかし、新監督のもとではそのスタイルを貫くわけにはいかない。わたしは、金本監督の求めるスタイルに近づくべく意識改革、打撃スタイル改良に挑戦した。

ところが——。

結論からいえば、この挑戦は失敗に終わった。

キャンプのときから右打ちを意識して練習に取り組んできた。そこには「金本監督の期待に応えたい」という思いがあったからだ。

しかし、この年は「六番・ショート」で開幕戦を迎えることになった。キャンプ時には「一番か二番、あるいは三番で起用するから右打ちを意識しろ」といわれていたものの、ペナントレースが始まるとチーム事情により上位ではなく下位を打つことになったのである。上位打線であれば右打ちも有効であるけれど、六番打者となればその後は下位打線に続くため、自分のバッティングで得点をあげることが求められる。

一般の人からしたら、大した違いはないように思えるかもしれない。しかし、ほかの選手はどうかはわからないが、わたしの場合は打順によって打撃スタイルを変えることには、かなり大きな戸惑いがあった。

それまでは、アウトコースのボールは球に逆らわずにレフト方向に打っていた。しかし、キャンプ、オープン戦期間、アウトコースのボールを一、二塁間、つまり右方向に打つ練習を続けてきた。ようやく手応えをつかみ始めていたときに「やっぱり、引っ張らないで左方向に打つように」といわれても、一度身につけてしまった習慣を瞬時にリセットすることは、わたしにはできなかった。微調整で済む問題ではなく、一から打撃フォームを修正しなければならないほどの大問題だったのだ。

結局、2016年シーズンはわずか106安打、打率は・236というプロ入り以来最低の成績で幕を閉じることになった。

このときわたしは、「ある結論」を得る。

自分は、「誰かの期待に応えようとすると、自分の長所を見失ってしまう欠点がある」ということを悟ったのだ。であるならば、「自分の長所」を消してしまってまで、「他者の期待」に応える必要はないのではないか――。そう考えたのだ。

くれぐれも誤解しないでほしいのは、これは金本監督に対する批判ではなく、あくまでも自分には向いていなかったというだけのことだ。わたしがもっと器用な選手で、監督の意向に沿って自らの打撃スタイルを臨機応変に変えることができるタイプであれば、チームにとっても、わたし個人にとってもハッピーな結果だったし、わたし自身も「新たなスタイルを身につけて、さらに打者としての可能性が広がった」と満足できたはずだ。

しかし、自分にはそのスタイルは向いていなかった。ならば、監督の意向に背くことになったとしても自分のスタイルを貫いたほうがいい。その結果、出場機会を失ってしまったとしても、それはそれで仕方がない。そう腹をくればいい。

一連の出来事を通じて、こうした結論に至ったのだ。

――自分を殺してまで、他人の期待に応えない。

これは野球だけでなく、生きるうえでも大切なことだとわたしは思っている。

13

自己犠牲が自分の価値につながるとき

前項では「自分を殺してまで、他人の期待に応えない」と述べた。

いきなり矛盾することをいうようだが、自己犠牲によって自分の価値が上がることもある。そして、自分の価値を高めるためにあえて自分を殺してチームのため、組織のために徹することが自分にとって得策であるケースも、もちろんある。

わたし自身、元々は自分のことしか考えていない利己的な人間だった。

小学生の頃、野球と柔道を両立していたと述べた。中学進学時に野球に専念することを決めたのは「野球のほうがおもしろいし得意だから」という理由であるのは事実だけれど、実はもうひとつの「消極的な理由」もあった。

当時のわたしは個人競技である柔道において、「すべての結果を自分ひとりで受け止めること」にプレッシャーを感じていた。柔道にも「団体戦」と呼ばれるチーム競技の側面もあるのだが、基本的には一対一の個人戦が軸となる。

勝っても負けても、その責任はすべて自分にあることが、当時の自分にはとてもしんどいことだった。それならば、「勝ち負けの責任の所在が多少は曖昧《あいまい》である団体競技のほうがいい」と考えたのも、野球を選んだ理由のひとつだった。

それ以来、高校でも大学でも、心の奥底には「野球は団体競技なのだから、チームが勝とうが負けようが、自分ひとりの責任ではない」という思いがあった。
こうした思いはタイガースに入団してからも、しばらくのあいだは続いた。

しかし、ある程度のキャリアを積み、チームの中心選手となり、やがてキャプテンに指名された頃から、その思いに変化が生まれてきた。

わたし自身の個人成績よりも、チームの勝利、あるいはチームの雰囲気に、より価値を見出すようになってきたのだ。これは、自分でも意外なことだった。

でも、いまとなればこの思考プロセスの変化は当然のことだったと思う。

まだチーム内で自分の立ち位置が確立していない段階では、「まずは自分のために頑張ること」が大切だ。この段階で「チームのために」と考えていたとしても、試合に出るチャンスがなければなにも意味はない。

試合に出ていない選手が「チームのために頑張ります」といったところで、なにも説得力はないし、そもそもなにを「頑張る」というのだろう?

それに、組織内における自分の立場を確立していない段階で「チームのために」と考えることは、本来持っていたはずの自分の個性や能力を殺すことになりかねない。前項で述べたように、この段階では「自分を殺してまで、他人の期待に応えない」と腹をくくっていればいいと思う。

プロ野球選手は個人事業主であり、すべての選手がチームメイトであると同時にライバルである。まずは自分自身が結果を出して、チームのなかに確固たる地位を築いてレギュラーを奪取することだ。長い期間にわたって結果を残し、チームの中心選手となることだ。球団からも、ファンからも信頼を勝ち取ることだ。

そして、ここから次の段階に移行する。

この段階になる頃には、自然と「チームのために」という思いが芽生えているはずだ。そして、チームの中心である自分がチームのため、勝利のために働くことは、そのまま自分の価値向上につながってくる。

若い頃は、自分が成績を残すことがそのまま自分の価値向上につながった。ある程度の立場ができてからは、自分の成績を残すことはもちろん、チームの勝利やチーム内の良好な人間関係を生み出すサポートをすることも自分の価値だと思えるようになったし、実際に周囲からも評価されることになった。

マリーンズに移籍した２０２０年8月20日、ＺＯＺＯマリンスタジアムで行われた福岡ソフトバンクホークス戦でのことだった。

延長10回表に2点を勝ち越されたものの、その裏にレオネス・マーティン選手が劇的な2点ホームランを放って同点に追いついた。続いて安田尚憲《やすだひさのり》選手がレフト前にヒットを放つ。ここで井口監督が代走に指名したのがわたしだった。続く打者がフォアボールを選んで、これで2死一、二塁となった。

自分がホームインすればチームにサヨナラ勝利が転がり込む。カウントはフルカウント。投球と同時に走り出す。投げたボールはホームベース手前で大きく跳ねる暴投となった。なにも迷うことなく三塁ベースを蹴ってホームに向かった。

タイミングはアウトだったかもしれない。けれども、わたしには確信があった。長いあいだプロの世界で生きてきたけれど、ワイルドピッチを想定した練習を一度も見たことがなかった。一連の流れを言葉にするならば、次のようになる。

投手が暴投して、それを捕手が後逸し、急いで捕りに行く。もちろん投手は慌ててホームベースにカバーに入る。ボールをつかんだ捕手が投手にボールを投げる。投手は走者にタッチをする……。

繰り返すが、この一連の流れを練習している場面は一度も見たことがなかった。「相手がピッチャーなら、野手のようにうまくタッチすることはできないだろう」という読みもあった。だから、タイミング的にはアウトだったかもしれないが、躊躇《ちゅうちょ》なくホームに突入することができたのだ。

このとき、マリーンズベンチには、自分よりも脚力のある若い選手が控えていた。それでも、井口監督がわたしを代走に起用したのは、単に「足の速さ」だけではなく、こうした「経験」も考慮したうえでの判断だったに違いない。

こうしてチームはサヨナラ勝ちを収めた。レギュラー選手だった頃に、サヨナラ打を放って殊勲のヒーローに輝いたこともある。しかし、ベテランになって、バッティングではなく、自らの足でつかみ取ったこの勝利は格別だった。

代走が「自己犠牲」であるとは思わないが、「これもまた自分の新たな価値なのだ」と感じることができた。他者のため、組織のために頑張ることが、結局は自分のためになることも、もちろんあるのだ。

14

逃げ道をなくして、責任を負う

「40歳までショートにこだわる」ということを目標に掲げてきた。

2021年シーズン開幕戦において、わたしは39歳9カ月で「開幕スタメン」の座を勝ち取った。若いときからの目標だったので、このときはひとつの達成感を覚えたものだった。

40歳となっても守れるだけの体力と技術をキープする――。

この目標を掲げて、それを実現できたことは、ささやかな誇りでもある。実際に30歳を過ぎてからは守備範囲も狭くなっていたとは思う。しかし、それを超えるだけの経験が大きな武器となった。

自軍投手のピッチング内容、相手打者の打球傾向、試合のシチュエーションなどを考慮して、守備位置を1メートル変え、それが見事に的中すれば守備範囲の狭さは十分にカバーできるのだ。

わたしがプロ入りした頃は、野手の守備能力は数値化されていなかった。しかし、プロ野球人生の中盤以降はセイバーメトリクスの普及や、トラックマン、ラプソード、ホークアイなど、さまざまな計測機器の発展によって、守備力も数値化され、個々の選手の守備能力が可視化されることになった。

守備範囲や勝利への貢献度など、すべてが数字で評価されるようになったことで、ベンチとしてもありとあらゆるデータを取って、守備・走塁コーチから、守備位置に関して細かい指示が出されるようになった。

野球は常に進化しているのだ。

ただ、その一方ではどんどんデータ化されることによって、野球本来の魅力が損なわれているような寂しさも感じていた。

ベンチからの指示でポジショニングが決められてしまえば、選手たちが試合中に感じる「勘」や、ベテラン選手の「経験」は見向きもされなくなってしまう。

自分で考える必要がなくなり、ベンチからの指示を待つだけになれば、身体能力の高い選手が圧倒的に有利になる。頭を使うよりも、身体能力の高さだけで結果が決まってしまえば、野球の魅力は半減するのではないだろうか？

現在の野球界がデータ至上主義にあるのは間違いない。

けれども、わたしはこう考える。例えば、「80パーセントの確率でここに打つ」というデータが出ていたとしても、そのバッターがたまたま故障をしていて、本来のパフォーマンスを発揮できないこともあるかもしれない。利き腕を故障していて、どこかをかばいながら打つことで、データにない20パーセントの結果となる可能性もある。

仮に、その20パーセントの結果となったとき、選手はどう感じるだろうか？

もしわたしが当事者となったとしたら、「ベンチの指示にしたがった結果だから仕方ない」と考えるだろう。当然、ベンチから非難をされることもないだろう。自分はコーチの指示にしたがっただけなのだから。

あるいは、実際に打者の放った打球がベンチの指示どおりに飛んできたとしよう。ファンの人は気づかないだろうけれど、自分の意思で「ここに飛んでくるだろう」と心の準備をして守るときと、「指示されたからここで守ろう」と半信半疑で守っているときとでは、確実に最初の一歩目に違いが出る。

長年ショートにこだわり、「どうすれば守備が上手になるのか？」と考え続け、「どうすれば年齢による衰えをカバーできるのか？」と模索し続けてきた身からすれば、いまのプロ野球界には少し寂しさを覚える。「寂しい」というのは適切な言葉ではないかもしれないが、率直にいって物足りなさを覚えてしまう。

イチローさんが、引退会見の席上で、「頭を使わなくてもできてしまう野球になりつつある」と発言していたが、わたしもまさに同感である。

頭を使わずに、単に身体能力だけで結果が出てしまう野球には、少しも魅力を感じない。仮に成功したとしても、自分の頭を使わずに、ベンチの指示で結果がよかったのならば、その喜びは半減するのではないか？

計測機器が格段に進歩したことで、バットスイングも精密に計測できることとなった。その結果、「軌道をもう数センチ上げて、角度はこれぐらいが理想的なスイングだ」とひと目で理解できるようになった。

けれども、何度も何度も試行錯誤を繰り返したあとに、自らの手で「軌道も角度も、これが自分の理想のスイングだ」と身につけたものと、単に与えられたデータをなぞることはまったく意味合いが異なるはずだ。

自分の体験をもってデータを参考にすることと、なんの苦労もせずにデータだけを与えられることはまったく意味合いが異なるのだ。

すべてのプレー、すべての練習において、頭を使うことだ。与えられたデータ、ベンチの指示に頼るだけでは、たとえ失敗したとしても責任の所在は他者にある。

自ら逃げ道をなくして、責任を負わない限りは本当に大切なことは身につかない。他人任せでは、成功しても、失敗しても、自分のためにならない。

それならば、成功も失敗も、どちらにしても自分の責任の下に結果が出たほうがわたしは嬉しい。

逃げ道をなくして、責任を負う——。

それこそが、自己成長において欠かせない大切なマインドではないだろうか？

他人任せではなく、あくまでも主体は自分にあるのだ。

□ 「他人の目」＝「他者の自分に対する認識」を自分のためにうまく利用し、怠けそうになる自分を律する。

□ 自分にとって有益か、自分の興味のあることか、自分主導で考え、無理な人づきあいは続ける必要はない。

□ 他人の「長所」を見習う一方で、「短所」を嫌いになるだけではなく反面教師にすれば、それは学びになる。

□ 近すぎず、遠すぎず、一定の距離感を保つことが良好な人間関係を築くカギとなる。

□ 臨機応変に対応できないのであれば、「自分の長所」を消してしまってまで「他人の期待」に応えなくていい。

□ 他者のため、組織のために頑張ることが、結局は自分のためになることもある。

□ 自ら逃げ道をなくし、責任を負わない限りは、本当に大切なことは身につかない。

第3章

成功とはなにか？
失敗とはなにか？

15

「あれも、これも」ではなく、「あれか、これか」に絞る

プロ1年目のことだった。

翌日から新しい対戦相手との3連戦が始まるときに、スコアラーを中心とした全体ミーティングが行われる。ルーキーだったわたしは、その内容を「ひと言も聞きもらすまい」と真剣に耳を傾け、ホワイトボードに書かれたものを必死にメモしていた。

しかし、チームの主力選手たちはほとんどメモを取っていないことに気がついた。ノートに向かってひたすらペンを動かしているのは試合に出ていない選手ばかり。金本知憲さんや赤星憲広《あかほしのりひろ》さん、今岡誠《いまおかまこと》（現・真訪）さんなど、チームの中心だった選手は試合前のミーティングの内容をメモすることはほとんどなかった。むしろ、試合中や試合直後に、その日感じたことをメモしていたのだ。

このときから、わたしは試合前にメモを取ることをやめた。その代わりに頭をフル回転させて、ホワイトボードに書かれている内容を自分なりにイメージすることに努めた。

「こういう場面、自分ならこうするよな……」

「この投手の場合、自分ならスライダーを狙うだろうな……」

スコアラーが提示するデータやコーチからのアドバイスを自分のなかできちんとイメージしたうえで、ミーティングに臨むようにしたのだ。

実績を残していない選手ばかりが前に集まって必死にメモを取っている。一方で、すでにチームの中心として何年も活躍している選手は部屋の後方に座って話を聞いているだけだった。わたし自身はルーキーではあったけれど、メモを取ることをやめることにした。

そして、その効果はてきめんだった。試合中のふとした瞬間に「そういえば、ミーティングではこういう指示が出ていたな」とか、「こういう場面では初球にストレートを投げることはほぼなかったはずだ」などと、ミーティングで話された内容が降りてくるのだ。そう、それは「思い出す」というよりは、「降りてくる」という感覚だった。

「記憶力」というよりは「感受性」といったほうがいいのだろうか?

ミーティングで話されたことを「記憶」したり、「暗記」したりしたつもりはない。その代わり、自分の頭できちんとイメージを浮かべながら、真剣にシミュレーションをした。もちろん、記憶力も大切だとは思うが、重要なのはその場面ごとにきちんと自分の「思い」を込めることだと気がついた。「思い」が入っていたら、似たようなシチュエーションになったときに「あっ、そういえば」と記憶が鮮明によみがえるのだ。それは単純な「記憶力」とは、やはり違うものだと思う。

メモを取っているときにはホワイトボードの文字がよみがえることなどほとんどなかった。しかし、メモを取ることをやめ、自分の感情を入れたことでクリアな映像として脳裏によみがえることは何度もあった。

ペンを走らせなくても、きちんとミーティングの内容を思い出すことができるのならば、間違いなくわたしにとっては正しいやり方なのだ。そう確信した。

メモを取っていたときは、学生時代の授業と同じで「先生のいうことをきちんとノートに取らなくては……」という思いだったけれど、実はただ手を動かしているだけで、「やった気」になっていただけなのだ。

それよりも、「思い」を込めて、具体的なイメージを頭に思い浮かべていれば、必要なときに必要な情報、データは降りてくるのだと気づいた。

これが最大限に発揮されたのが、2013年のWBC（ワールド・ベースボール・クラシック）での「神盗塁」である。

自分で「神盗塁」と表現するのは口幅《くちはば》ったいけれど、いまでも多くの人に「あの場面は本当に神盗塁でした」といわれることが多いので、ここでもあえて「神盗塁」といわせていただきたい。

第2ラウンドのチャイニーズ・タイペイ戦でのことだった。1点ビハインドの9回表一死、わたしはフォアボールで出塁した。続くバッター・長野久義《ちょうのひさよし》選手が初球で倒れて二死となった。ここで打席に入ったのは井端弘和《いばたひろかず》さんだった。

この場面で、わたしは初球に盗塁を決めた。もしもアウトになればそこで試合終了となる。一か八かの賭けに出た――。多くの人はそう考えたことだろう。しかし、わたしには確信があった。

（間違いなく盗塁は成功する。二塁に行けば井端さんのワンヒットでホームイン。同点に追いつける可能性は一気に高まる……）

そのイメージどおり、盗塁は成功した。そして、井端さんは見事にタイムリーヒットを放ち、わたしはセカンドからホームイン。侍ジャパンは同点に追いつき、結果的に延長10回でわたしたちは見事に勝利を収めることができた。

さてこの場面だが、先ほど述べたように「間違いなく盗塁は成功する」とわたしは思っていた。このとき、わたしの頭のなかには事前のミーティングで聞いていた「ふたつの記憶」がよみがえっていた。

・抑えの陳鴻文《チェンホンウェン》はクイックが遅い。
・牽制《けんせい》球は1打席に一度だけ。

長野選手に投じた初球のクイックタイムはやはり遅かった。だからこそ、わたしは牽制球が投じられるのを待っていた。すると、その牽制球がきた。条件は整った。これで牽制はない。落ち着いてスタートを切れば確実に盗塁は成功する。

そんな思いとともに二塁ベースに向かってスタートを切った。

この日ばかりは興奮して寝つけなかった。この場面も、「思い出した」のではない。やはり「降りてきた」としかいいようがない。大切なこと、重要なことは、「あれも、これも」ではなく、きちんと自分の頭のなかでイメージしたうえで、「あれか、これか」に絞ることなのではないだろうか。

16

成功するには、「好きなもの」ではなく「得意なもの」を選ぶ

これまで何度も述べてきたように、スポーツとしては野球よりもサッカーのほうが好きだが、わたしの場合はサッカーよりも野球が得意だったのでこの世界を選択した。

アマチュア時代も、プロに入ってからも、自分のまわりにいたのは「野球が大好きだ」という人たちばかりだった。

けれども、わたしは割と早い段階から「好きと得意は違う」と感じていた。そして、「自分の能力を最大限に発揮できたほうが成功の確率は高まる」とも自覚していた。

だから、プロ野球選手になるときにも、自分の意識のなかでは完全に〝就職〟という感覚だった。どの分野に行けば、自分の才能、能力を生かせるかと考えたときに、まずは「プロ野球の世界だろう」と考えた。

次に、「どの球団に行けば、さらに成功の確率は高まるだろうか？」と考えた。

このとき、意識したのは次の2点だ。

・将来的にメジャーに行くときに有利な球団はどこか？

・「40歳でショート」を実現するためにはどの球団がいいのか?

自分に対して、獲得意思を表明してくれた球団のなかから、こうした観点で「どのチームに入れば成功の確率は高まるのか?」と考えたのだ。

こうして選択したのが、タイガースだった。特にタイガースファンというわけではなかった。関西に住んでいたわけでもないし、知り合いがいるわけでもない。あくまでも、「就職先」としてタイガースを選んだだけだったのだ。

選択の決め手となったのは、タイガースの本拠地である甲子園球場だ。「高校野球の聖地」としての甲子園球場に強い思い入れがあったわけではない。わたしの場合は、将来的に「メジャーリーガーになりたい」という思いがあったから、そのためには甲子園球場が最適だと判断しただけのことである。

大学時代に全日本チームの一員としてアメリカで試合をする経験を得た。このとき、メジャーの球場で試合を見て、「こういうところでプレーしたいな」と強く思った。しかし、当時のわたしには大学からいきなりメジャーに行けるほどの実力はなかった。

そうなれば、まずは日本のプロ野球で実力を磨《みが》き、その結果、メジャー行きのチャンスを得るしかないのだと考えた。

あらためて、それまでの日本人メジャーリーガーを振り返ってみる。

日本人野手、特に内野手の多くの先輩たちが苦しんだのは土のグラウンド、天然芝のグラウンドへの適応、対応能力だった。先輩たちの多くが、日本時代には人工芝のグラウンドで試合をしていて、メジャー行きに際して、あらためて天然芝対策を講じている姿をいくつも目にしていた。

ならば、初めから土のグラウンドを本拠地とする球団に入れば、人工芝を本拠地とする球団に入るよりも、早く適応しやすいのではないか？

大学時代、平日は大学の土のグラウンドで練習をし、週末になると人工芝の神宮球場で試合をしていた。このときの感覚でいえば、人工芝球場でプレーするほうが圧倒的に疲労も残ったし、身体への負担も大きいと感じた。

これらのことを考慮に入れたうえで、甲子園球場を本拠地とするタイガースへの入団を決めたのである。

こうした作業はプロに入ってからも続いた。

日本で3割、30本塁打を放っていた松井稼頭央《まついかずお》さん、岩村明憲《いわむらあきのり》さんが、アメリカでは日本同様の成績を残せなかったのはどうしてだろう？

前述したように、守備に関しては日頃から土のグラウンドである甲子園球場でプレーしていたので、アメリカでも対応できる自信はあった。そうなると、ポイントとなるのはもちろんバッティングだ。元々ホームランバッターではないから、勝負するのはいかにアベレージを残すことができるかということになる。

さらに掘り下げていくと、自分の強みは守備と出塁率にあることに気がついた。といっても、「選球眼をよくする」ことよりも、いかにして「ボール球を振らないか」ということに意識を置くようにした。

「いいボールをきちんと打つ」のも大切だが、同時に「ボール球をしっかり見極める」ということに、より意識を強く持つようにしたのだ。

2014年オフ、FA（フリーエージェント）権を行使して、いくつかのメジャー球団と交渉をした。折り合いがつかず、結果的にわたしは生涯、日本のプロ野球でキャリアを終えることになるのだが、プロ入り時に描いていたイメージどおりに物事は進んだ。

その根底にあったのは、成功するには「好きなもの」ではなく「得意なもの」をという意識だった。

子どもの頃、サッカーではなく、野球を選んだこともそうだ。プロ入り時にほかのチームではなく、タイガースを選んだこともそうだ。そして、メジャー行きを意識して、長打力よりも出塁率を意識したこともそうだ。

自分のやりたいこと、自分のできることを考慮に入れたうえで、「好きなもの」ではなく、「得意なもの」で勝負する道を選んだのだ。

そして、この思いは現役を引退したいまでも変わっていない。

野球選手は現役でいるうちが華だ。自分はまだ引退直後だから、それなりに世間的なニーズがあるのだろう。けれども、これから毎年、続々とスター選手が引退していくなかで、メディア的な意味でのわたし自身の価値も失われていくことだろう。そうしたことを見据えたうえで、わたしはこれからのことをすでに意識している。「好きなもの」ではなく、「得意なもの」で勝負するのだ。

17

投げ出すのは誤り。続けるのが正解

2016年オフの納会前のことだった。

就任1年目を終えたばかりの金本知憲監督から「北条《ほうじょう》（史也《ふみや》）が伸びてきているので、来季は彼をショートで使うつもりだけれど、トリはどうする？」と尋ねられた。

このときわたしは、「ショート一本でいきたいです」といった。結果的にサードを守ることになるのだが、この時点では「ほかのポジションならいつでもできるから、いまはまだショートで勝負すべきだ」と考えたからだ。

また、確かに北条選手は伸び盛りだったし、素質にもあふれていた。しかし、自分にも「10年以上もショートでレギュラーを続けてきた」という自負もあったし、実力的にも「まだまだ負けていない」という自信があった。

だからこそ、金本監督には「ショートで勝負したい」といったのだ。

しかし、翌春のキャンプにおいて、監督は「たとえ7対3で鳥谷が勝っていても、北条を使う」と明言し、続けて「鳥谷は10対0で勝たなければ試合には出られない」と告げられることになる。

これは、事実上の「鳥谷は使わない」という宣告であり、「絶対に無理だ」といわれているのだということは自分でも理解できた。

おそらく、このような経験は一般企業でもしばしば見られるケースなのではないだろうか？　自分の意思と上司の判断が異なることはよく起こるだろう。こんなときにどうすればいいのか？　どんな態度を取ればいいのだろう？

このときわたしが意識していたのは、「自分ができることに集中するだけだ」ということだった。

ここでどんなに反発しても、結果が覆ることはまずない。監督、コーチが決めたことに対して、反発や反抗したとしても、それはチームに迷惑をかけるだけだし、自分自身が悪者になるだけであって決して得策ではない。

反発するエネルギーがあるのならば、それを「明日のため」「将来のため」に使ったほうが絶対にいい。

この状況下で、なにができるのか、なにをしたらいいのか？

真っ先に考えたことだ。そして、毎日、毎日、自分に課題を与えていくのだ。すると、本当に不思議なことに周囲のことがまるで気にならなくなってくる。

そして同時に、「この状態は長くは続かない」とも考えていた。

当時、プロ入りしてすでに10年以上が経過していた。この間、自分には第一線で試合に出続けてきたという実績がある。さらに、冷静にまわりを見てみると、他球団を含めても、シーズンを通じてレギュラーとしてショートを守り続けている選手はそんなに多くはなかった。

「不動のショート」という座を手にしていたのは、本当に限られた選手しかいなかったのだ。北條選手のミスを願うわけではないけれど、当時まだプロ5年目の彼にとって、かなりの重責であることは間違いなかった。

（必ず自分にチャンスは巡ってくる……）

もちろん、無理やりそのように思い込もうとしていたのではない。自然にそんな考えになっていたのだ。必ずチャンスはやってくる。それが一番目なのか、それとも二番目なのか、順番はどうであろうとも、自分が万全の状態であれば必ずチャンスはやってくる。それはもはや、「確信」といってもいいものだった。

結果的にこの年はショートとしての出番はなく、サードでの出場が続いたけれど、13年連続となるシーズン全試合出場を果たし、プロ14年目にして三塁手としてはじめてのゴールデングラブ賞を獲得することになったのだった。

当初、自分が思い描いていた「ショートで試合に出続ける」ということは実現しなかった。そういう意味では、自分の思いは通じなかった。

けれども、春季キャンプの時点で「いくら努力しても、今年はショートで試合に出られないのだ」と自暴自棄に陥ったり、投げやりな態度を取ったりしていたら、サードでの出場もできなかったことだろう。

いま目の前にある不安や焦り、あるいは怒り……。

こうしたネガティブな感情に自分の心が支配されそうなとき、それを投げ出すのが正しいのか、それともコツコツと目の前のことに取り組むのが正しいのか？

このとき、わたしは後者を選択した。

具体的には、「必ずチャンスは訪れる」という確信を持ったうえで、「では、いまはなにをすればいいのか？」と考え、そのためのプランニングをした。

ひとつひとつ、自分に足りないものを見極めること、その克服のためにすべきことをあげていき、手を抜くことなく、投げやりになることもなく、日々を一生懸命に生きることを選択した。

このサイクルによって、不安も焦りも、ましてや怒りなどはなにも感じずに済んだ。

仮に、あのとき自棄《やけ》を起こしていたら、シーズン全試合出場はおろか、現役生活も短くなっていたのかもしれない。結果的にショートだけではなく、サードとしての経験を重ねることもできた。

どんなに困難に見える状況下にあっても、必ず解決の糸口はある。

そこを見誤らずにコツコツと過ごしていれば、おのずと結果も好転するはずだ。

18

ピンチのときにしか気づけないことがある

2000安打を達成したときのインタビューにおいて、「つらかったのは2010年に腰椎《ようつい》を骨折したときだった」と答えた。これは、ケガの痛みがつらかったという意味ではない。不本意ながら、故障のことがマスコミに報じられたことで、この一件が公になってしまったことがつらかったのだ。

2010年5月の試合中に、センターを守るマット・マートン選手と交錯した。その際に骨折したものだったが、しばらくのあいだはマスコミには公表せずに試合に出続けていた。もちろん、トレーナーを通じて真弓明信《まゆみあきのぶ》監督をはじめとする首脳陣は、わたしの身体の状態については知っていた。

あるとき、真弓監督がつい腰椎骨折のことをマスコミにしゃべってしまった。

ファンの人にとっては、わたしが骨折していようと、万全の状態であろうと関係ない。試合に出続ける限りは、たとえどんなに体調面に不安があろうとも、普段と変わらぬ全力プレーに徹するだけだ。わたしは、そう考えていたから、骨折のことが報じられてしまうことは不本意だった。

このとき、チームメイトだった城島健司《じょうじまけんじ》さんがやってきて、「そんなことは自分の口からいうものじゃない」とアドバイスをしてくれた。もちろん、自ら公表したのではないということは、すぐに理解してくれたのだが、わたしもまた城島さんのいうとおりだと考えていた。

ケガをしても、していなくても、自分で「試合に出る」と決めた以上、わざわざ「実は故障しています」という必要もないし、お金を払って見に来てくださるファンの方々に対しても失礼だと思う。

このときわたしが考えていたのは、「せっかくだから、この機会にしか経験できないことをしっかりと学ぼう」という思いだった。

ケガをしているときにしかできない打ち方、投げ方、守り方がある。

例えば、右手の指を故障していたとしよう。スローイングの際にどうしても痛みが走ってしまい、満足な送球ができないときでも、当然、それでもファーストに投げなければ打者走者をアウトにすることはできない。

そうなれば、指先に負担のかからないような投げ方を考えることになる。痛みを感じない投げ方を練習し、「なるほど、こうすれば痛くないぞ」ということを理解することは、自分にとって新たな引出しが増えることを意味する。

そして、体調が万全に戻ったときに、さらに確実な送球が可能になるかもしれないし、難しいゴロを捕球したときに、不完全な体勢からの送球を、より確実なものにしてくれるかもしれない。もちろん、痛みをかばうことによって「変な癖がついてしまうのではないか？」という不安も絶対にないとはいえない。

しかし、ピンチのとき、苦境にあるときこそ、普段できないことに挑戦してみることには大きな意味があるはずだ。少なくとも、「経験」という財産は、自分の可能性を広げるうえでは大切なものである。

そこにあるのは「転んでもただでは起きない」という意識であり、「たとえ100パーセントではなくても、自分の置かれた環境下でベストを尽くす」という思いだ。

大学時代、「自分はプロの世界で生きていくぞ」と決意する以前は、すべてを他人のせいにしていた。自分が満足な結果を得られないのは、自分に原因があるのではなく、自分ではない誰かのせいだとずっと思っていた。

だからこそ、家で練習することもなかったし、常にだらけていて、自堕落な生活を送っていた。しかし、「プロを目指す」と決めたときから、わたしにとって野球は〝仕事〟となった。

仕事というものは、「どうやって自分の価値を上げていくのか？」ということ、「どうすれば他者とは異なる自分だけの強み、個性を生み出せるのか？」ということだ。そんな思いで、プロ生活を続けていたのだ。

故障のために思うような結果が残せないことがある。あるいは、不調のためにどんなに努力しても結果が伴わないこともある。しかし、そんなときでも「ケガをしたとしても、どうすれば試合に出られるのか？」「調子が悪かったとしても、どうすれば交代させられないで済むのか？」と、常に考え続けてきた。

例えば、30打席連続アウトになったとしよう。

この間、いくらもがいても、あがいてもまったく結果が出ない。30打席すべてが三振ならば、さすがに監督も起用を見合わせるかもしれない。しかし、30個のアウトのうち、10個が進塁打であれば多少はチームに貢献したことになる。

もちろん、ヒットを打つに越したことはないけれど、同じアウトでも進塁打であれば、監督やコーチも「復調するのを待とう」という思いになるかもしれない。

たとえ窮地に陥ったときでも、そこから抜け出すヒントは必ずどこかに転がっている。

そのきっかけとなるのは「ピンチのときにしか気づけないこと、できることもあるはずだ」という前向きな姿勢であり、「この状況下でできることはなんだろうか？」という思考プロセスである。

ピンチのときにしか気づけないことがある——。

この思いとともに、「いま自分ができることはなにか？」と意識していれば、苦境に陥っても動じることはない。

19

過去の出来事は、すべて「成功」である

２０１４年オフにＦＡ権を行使してメジャー行きを表明したのだが、結果的に条件が折り合わずに断念することになった。

それ以降、多くの人から「あのときメジャーに行っていたら……」といわれることになった。自分でも、「もしもアメリカに行っていたら、どうなったのだろう？」と考えることもある。

けれども、後悔はなにもない。自分が精いっぱい努力した結果であり、すべてが自分自身で決めたことだからだ。

移籍のための条件も、交渉期限も自分で決めた。

「この条件で、○月○日までに契約がまとまらなければタイガースに残留する」

当初からそのように決めて、期日までに契約合意に至らなかった。だから、メジャー行きを断念した。わたしのなかでは、それは明快なプロセスであり、なんの矛盾もない一連の経緯である。

他人から見れば、「鳥谷はメジャーに行けなかった」と見えるかもしれないけれど、自分としては「メジャーに行かなかった」のである。

「行けなかった」と「行かなかった」とでは、大きな違いだ。わたし自身が、「どんな条件でもいいから、とにかくアメリカに行きたい」と考えていたら、スムーズにメジャー行きも決定していた。

野球が大好きで、若い頃からメジャーリーグに強い憧れを抱いていたとしたら、どんな不利な条件であったとしても、アメリカ行きを決めていたに違いない。

しかし、わたしにとって野球はあくまでも〝仕事〟だった。

自分には妻も子どもたちもいる。「どんな条件でも」「なにがなんでも」というわけにはいかず、自分なりに熟慮したうえでの選択である。だから、そこにはなにも悔いはなかったし、そもそも「他人にどう見られても構わない」という思いもあったので、なにも問題はなかった。

プロ入り時、のちのメジャー行きを考慮に入れたうえでタイガースへの入団を決めたということはすでに述べた。

それだけの長い時間をかけて「土のグラウンドに慣れておこう」と準備していたにもかかわらず、メジャー行きはならなかった。ドラフト時にイメージしたことは、結果的に実現しなかった。

この現実を踏まえると、大学時代の自分の選択は無駄であり、無意味なものであったのだろうか？

いや、わたしはまったくそう考えていない。

仮に、東京ドームを本拠地とするジャイアンツに入団していたとしたら、はたしてどうなっていただろうか？

人工芝のグラウンドで、タイガース時代よりもさらにいい結果を残して、メジャー行きのキップを手にしていたかもしれない。

その一方で、せっかくアメリカに渡ったとしても、天然芝になかなか適応できずに、早々に日本に帰国していたかもしれない。いずれも「仮定」の話であり、どんな結果となっていたのかは誰にもわからない。

物事を始める前には、リスクヘッジの意味も含めて、あらゆることを事前に想定することには意味があるだろう。「仮にこうなったら、どうすればいいのか？」「もしもこのような事態が訪れたら、自分はどうすべきなのか？」などなど、さまざまな想定をして、自分なりにシミュレーションを行っていくことはとても重要なことだと思う。

その一方で、一度選択をして結果が出てしまったあとに「あのときこうしていれば……」と考えることに、わたしは重要性をあまり感じない。

もちろん、目の前の現実を踏まえて、「成功するためにはどうすればよかったのか？」「次に同じ機会が訪れたら、どんなことに注意をすればいいのか？」と反省することは大切だろう。

しかし、このときに「ああすればよかった……」「あんなことをしなければよかった……」と後ろ向きな考えに支配されてしまうことには意味がない。

目の前にある「結果」に対して、自己分析を試みることをずっと心がけてきた。たとえ本意でない結果や、自分にとって望ましくない現実が訪れたとしても、「あれはムカついたな」「あれは悔しいな」で終わらせない作業を試みるのである。

そのとき、自分はどういう選択をしたのか？

そのとき、どんなことを考えていたのか？

そうしたことをひとつひとつ、丁寧に振り返るのである。「嫌なことを分析する」ことに抵抗を覚える人もいるかもしれないが、慣れてしまえばすぐに習慣となる。

この作業が習慣化すれば、過去のどんな出来事も、結果的に「成功」に導くことができる。自己分析を試みることで、失敗の原因が明確になるし、次に同じような場面が訪れたときにも、新たな行動の指針となるからである。

こうしたことを丁寧に積み重ねていくことができれば、成功の確率はさらに高まるし、過去の経験をすべて「成功」へと変えることができるのだ。

こじつけのように思う人もいるかもしれない。しかし、成功に近づくためのマインドセットとしてはとても簡単だし、とても効果がある。

もう一度いおう。

過去の出来事は、すべて「成功」である——。

20

すべての行動に意味を持たせる

ここまで、わたしが日頃から心がけている取り組みや考え方を述べてきた。

これだけを見ると、「鳥谷はストイックだな」とか、「自分にはとても真似できない」と考える方もいるかもしれない。

しかし、現役時代は常に「練習優先」で規則正しい生活を送っていたわけでは、もちろんない。

わたしだって生身の人間だ。時にはお酒を飲んで憂《う》さ晴らしをしたいこともあった。そんなときには、ストレス解消のために徹底的にお酒を飲み、気心知れた仲間たちとバカ騒ぎをすることもあった。

ただ、その「バカ騒ぎ」にも意味を持たせるようにしていたのが、強いていえば「鳥谷流マインドセット」といえるかもしれない。

例えば、練習を休みにして気の置けない仲間とワイワイやることにしたとしよう。夜遅くまで深酒をすることは、もちろん身体にとっていいことであるはずがない。「プラスか、マイナスか？」でいえば、当然マイナスである。

しかし、「気持ちをリフレッシュする」という観点で考えれば、これは間違いなくプラスである。体力的にはマイナスかもしれないが、精神的にはプラスである。

このように、「友達とワイワイお酒を飲む」という同じ出来事にも、プラスとマイナスの両面があるのだ。

つまり、「表から見るか、裏から見るか？」、あるいは「上から見るか、下から見るか？」によって、物事の見え方、評価の仕方は変わってくる。


人生も同様で、物事には必ず善し悪しがある。

今回のケースでいえば、わたしは自らの意思で「精神的なプラス」を選択した。「今日は羽目を外すけれど、明日以降は節制しよう」と考え、そのとおりに行動すれば、体力的なマイナスは一時的なものにすぎず、すぐにリカバリーできる。

そう考えると、「仲間とワイワイ過ごす」ことも、わたしにとっては大きな意味を持ち、同時に、いいパフォーマンスを発揮するために必要な積極的なアクションとなる。

自分に逃げ道を与え、「許しの部分」をつくることで、自らを追い込むことも効率的にできるようになるのだ。

つまり、すべての行動に意味を持たせるのである。

このスタンスでいれば、前項で述べたように過去の出来事はすべて「成功」となる。いつまでも過ぎたことに対してクヨクヨしたり、自責の念にさいなまれたりすることはなくなる。

こうした考え方でいると、いわゆる「失敗」というものがなくなってくる。

もちろん、わたし自身もこれまでに数々の「失敗」をしてきた。野球においてはもちろん、プライベートでの失敗もある。

けれども、こうした経験の積み重ねによって「こういうことをすれば、こんなに大きな問題になってしまう」ということを身に沁《し》みて理解することができた。

もしかしたら、世間の人からすれば「取り返しのつかない大失敗だ」と見えるかもしれない。けれども、一連の経験を通じて感じたこと、考えたことは、それまでの自分にはない「新たな感覚」として、着実に現在でも自分のなかに残っている。

なにかを経験することが、自分自身のアップデートにつながっているのだ。

失敗はたくさんある。けれども、それらを生かして次にもっとうまくいくことができるのならば、それはすでに「成功」だといえるだろう。「失敗」とは、次なる「成功」へと続くステップなのである。


一度犯してしまったミスや失敗を取り戻すにはどうすればいいのか？

そんな質問を投げかけられたことがある。わたしの答えはシンプルだ。

「犯してしまったミスや失敗は、取り戻す必要はない」

起きてしまったことをいまさらどう嘆いても、完全にリカバリーすることは不可能だ。ならば、「取り返す」とか「取り戻す」という発想は捨て去ってしまって、まずは「受け入れる」ことが重要になるのではないだろうか？

嘘をつくつもりはないのに、嘘をついてしまうこともある。

傷つけるつもりはないのに、人を傷つけてしまうこともある。

嘘をついたこと、人を傷つけてしまった事実は消えない。ならば、それを受け入れたうえで、今後をどうやって生きていくのかを真剣に考えたほうがいいではないか。

考えることに終わりはない。だから、わたしは考える。

そして、考えに考え抜いた結果、「いくら考えても答えは出ないのだ」と気づくことになる。いくら考えても答えが出ないのならば、「考えることに意味はない」といえるのかもしれない。

考えに考え抜いて「考えることに意味はない」と結論づけるケースと、最初からなにも考えずに同じ結論に達するケースと、結果的には同じに見えるかもしれないが、前者は次につながる思考プロセスであるのに対して、後者はなんの学びも気づきもない、今後に役立たない思考回路であると思う。

このケースも、冒頭に掲げた「すべての行動に意味を持たせる」という一環である。自分の性格上、「考えない」という選択肢はない。「どうしてこんな結果になったのか?」「なにが成功の、あるいは失敗の理由なのか?」を考える。

それはすなわち、すべての行動に意味を持たせることである。

このプロセスがあれば、成功にしても、失敗にしても、自分なりの理由づけが可能となる。そして、再現性もぐっと高まるのである。

21

選択したものを正解に導く

人生とは、常に選択の連続である。

タイガースに入団したこと、メジャー行きを断念したこと、マリーンズに移籍したこと……。いずれも、自分なりの選択の結果である。

一連の出来事を振り返ってみて、「すべてが正解だったな」と、わたしは考えている。決して強がっているわけでもないし、楽観主義だからでもない。

すべての選択を「正解」とする作業を行ってきたからだ。

人生には、さまざまな分岐点がある。


A高校に進学するか、それともB高校にするか？

メジャーリーグに行くべきか、断念するべきか？

これをするべきか、それともやめておくべきか？


分岐点にあるとき、もちろん自分なりにいろいろと考えたうえで、その時点でベストだと思われる選択をしてきたつもりだ。その結果、選ばれなかった「もうひとつの選択肢」に対して、「もしもこちらを選択していたならば……」と考えることもなくはないけれど、正直いえば、どちらを選んだとしても、わたしは「自分の選択は正しかった」と自信を持っていえるだろう。

なにかを選択した瞬間から、わたしは「選択したものを正解に導こう」と考え、自分の選択を正解にするための生活を心がけるからである。

その根本にあるのは「過ぎてしまった過去よりも、これから起こる未来」に意識を向けているということである。

家族や友だちから「どっちがいい？」「どっちにする？」と聞かれたとき、わたしはしばしば「どっちでもいい」と答える。

主体性がないからでもなく、考えることが面倒くさいからでもない。本当に「どちらでもいい」と考えているからだ。

これは、「どちらを選択するか？」ということよりも、「選んだほうを正解にすればいい」と考えているからだ。極端なことをいえば、選択した時点ではまだ正解も失敗もない。結果が出るのは、選択以降のことなのだ。

ならば、「選択時」よりは「選択後」にわたしは重きを置きたい。

これが、すべての根底にある考え方なのだ。

だから、過去の出来事、自分が行ってきたことについて執着はない。ユニフォームを脱いでから、「現役時代に印象に残っている場面は？」と聞かれることが多い。けれども、正直いえばほとんど覚えていないというのが本音なのだ。

先にも例にあげたWBCでの「神盗塁」や、鼻骨骨折でも試合に出続けた場面、2000安打を放った場面などは、何度も何度も質問され、その場面を見ることが多いので、さすがに記憶には残っている。けれど、「プロ初ヒットの感想は？」とか、「あの打席ではどんなことを考えていたのですか？」と聞かれたときには、本当に申し訳ないけれど、「よく覚えていないです」としか答えようがないのだ。

では、「選択」の際に、わたしが心がけていること、重視していることはなにか？

なかなかモチベーションが上がらないとき、困難な状況に直面してどんな選択をすればいいのか決めあぐねているとき、わたしは自問自答するようにしている。

例えば、現役時代には「もしも明日、野球をやめるとしたら、自分はどうするか？」とシミュレーションしていた。

とても疲れていて、練習する気がまったく起きない。そんなときに「もしも明日、引退するとしたら？」と考えるのである。「明日で終わりだとしたら、最後にこの課題だけは克服したい」と思えるのならば、多少眠くてもわたしは練習するだろう。

あるいはその反対に「万全のパフォーマンスのためにゆっくり休養すべきだ」と考えるのならば、迷うことなく「休む」という選択をすることだろう。

これまで何度も繰り返しているように、「どちらを選んでも正解にする」という考えだから、どちらを選ぶかはわたしにとっては大きな問題ではないのだ。

ここでは野球を例にあげて説明したけれど、「選択」に際しては「自分が窮地に陥ったとき、どうすればいいのか？」を考えるようにしている。

こうした考えに至るようになったのは、わたしの弟が病気のためにある日突然野球を奪われた経験をまのあたりにしたからだ。

わたしは男ばかりの三兄弟の長男だが、5歳違いの弟が高校2年生のときに腎臓を患って野球を続けることができなくなった。病気のことは本人から聞かされることなく、両親から知らされた。

当時、わたしは大学寮で暮らしていたが、実家に戻って弟に再会すると、別人のような表情で、なんと声をかけたらいいかわからなかった。

このとき、「自分は思う存分、野球ができる。それなのに真剣に野球をやっているのか？」と考えるようになった。

このときから自分は大きく変わったと思う。


これは野球に限らず、人生全般においていえることだろう。

人は生まれたら必ず死ぬ。人生は死への長い道のりなのかもしれない。ならば、悔いなく生きることをわたしは選びたい。それまでの道中を見据え、どう生きていけばいいのか？　そのためになにをすべきなのか？

このように考えていると、先を見据えることで目の前の不安を感じずに済むようになり、自然にモチベーションもアップするというさらなるメリットもある。

未来を見据えて、逆算で生きる――。

次の章でさらに詳しく説明したい。

□「思い」を込めて、自分の頭のなかでイメージすれば情報は絞られ、本当に大切なこと、重要なことがはっきりする。

□「好き」と「得意」は違う。自分の能力を最大限に発揮できたほうが成功の確率は高まる。

□ 自分に足りないものを見極め、その克服のために目の前のことにコツコツと取り組めば、必ずチャンスは訪れる。

□ ピンチのとき、苦境にあるときこそ、普段できないことに挑戦してみると、新しい気づきに巡り合える。

□ 望まない結果になっても後ろ向きな考えに支配されることなく、「嫌な結果を分析する」ことを習慣化しよう。

□ すべての行動に意味を持たせることで、成功にしても、失敗にしても、自分なりの理由づけが可能となる。

□「どちらを選択するか?」よりも、「選択したものを正解に導く」と考え、自分の選択を正解にするための生活を心がける。

第４章

物事は常に逆算して考える

22

時間の使い方で人生は変わる

どんなにお金持ちでも、そうではない人でも、誰にでも平等に与えられているもの、それが「時間」である。もちろん、寿命の長い人もいれば、短い人もいるので人生の長さは人それぞれなのだが、誰でも一日に24時間が与えられている。

現役時代も、現役引退後も、わたしは「時間の使い方」を重視して生きている。だからこそ、「時間の使い方で人生は変わる」と考えている。

一軍のレギュラー選手としてフル出場していた頃は、ベストパフォーマンスを発揮するために、常に試合時間から逆算して、自分のやるべきこと、取り組むべきことにフォーカスして過ごしてきた。

それは単に「練習」だけではなく、「休養」も大事な時間の使い方だった。

しかし、ベテランとなり少しずつ先発出場の機会が減ってくるにつれて、時間の使い方にも変化が表れるようになった。スタメン起用が減ったことで、「試合開始」に照準を合わせる必要がなくなり、試合前の練習が終わってから試合開始までの2〜3時間ほどは、心の余裕、そして時間の余裕がもたらされることになったのだ。

それまでは、少しでも疲れを取るために、別に眠くなくてもじっと目を閉じて身体を休めることにしていたけれど、その必要がなくなった。

ポッカリと空いたこの時間を、読書をして過ごすことにした。

それまでも、時間があれば書店に行くようにしていた。

フル出場していた頃は、書店に行っても技術書であるとか、栄養学に関するものであるとか、「野球」に直結する本を手にすることが多かった。わたし自身は一度も同じユニフォームを着たことはないが、野村克也《のむらかつや》さん、落合博満《おちあいひろみつ》さんなど、偉大な実績を遺《のこ》した野球人の本もたくさん読んだ。

しかし、試合出場の機会が減ってくるにつれ、「野球」から離れて、「ビジネス」「自己啓発」「お金」にまつわる本を手にすることが多くなっていった。さまざまな世界の人たちの「自伝」を読むこともあった。

現役引退後、メディアに出演することが増え、野球とは異なるジャンルの方々とお会いする機会も多くなった。このとき、「いろいろな本を読んでいてよかったな」と感じることがある。

先にも述べたように、休みの日に書店をブラブラすることは、現役時代からの習慣ではあったけれど、ずっと試合に出続けていた頃と、出場機会が減っていた頃と比較すると、不思議なことに目につく本、気になる本が変わってきたことに気がついた。

読書好きの人はしばしば、「本屋に行くと、『オレを読んでくれ！』と、本のほうから訴えかけてくるんだよ」と口にすることがあるが、まさにそんな感じだ。

試合に出る機会が減り、外的ストレスを感じていた頃、いままでなら目に留《と》めることのなかったような本が、気になり始めたのである。

精神的に落ち込んでいるときや、「なにかやる気がほしい」というときには自己啓発本が目についたり、時間と心の余裕があり、前向きな気分のときにはビジネス本が気になったりするようになったのである。

これは、自分にとってもおもしろい発見だった。特に目的もなく書店に入り、自分がどんな本を手に取るのか？　どんな本が気になるのか？　手に取る本によって、そのときの自分自身の精神状態がわかるような気がした。

だから、「いまの自分の気持ちや考え方を知るために」という目的で書店に立ち寄ることも増えてきた。そして、タイトルが気になったり、帯のキャッチコピーに興味を惹《ひ》かれたり、些細なことであっても、自分になにか引っかかるものがあれば購入した。

いざ読み始めてみて、「思っていたのと違うな」と感じるときには、たとえ途中であっても、すぐに読むのをやめて、別の本を手に取った。

現役時代晩年に読んだ本では、『FACTFULNESS（ファクトフルネス）10の思い込みを乗り越え、データを基に世界を正しく見る習慣』（ハンス・ロスリング他／日経BP）が印象に残っている。

これは世界でベストセラーを記録した本の翻訳版だ。

「ファクトフルネス」とは、データや事実に基づいて世界を読み解く習慣のことで、いかに人は思い込みに縛られて生きているのかということを実感した。世界を正しく見る習慣を身につけることで、少しだけ世界の見方が変わるということを解説している。

500ページ近くあるかなり分厚い本だが、自分としても新鮮な発見や驚きがあり、あきることなく読み進めることができた。
読書をしていると、あらためて「時間の使い方で人生は変わる」ということを実感する。第2章で他者とのつきあい方について言及した際にも述べたが、読書によって、古今東西、さまざまな人が体験したこと、考えたことが、わずか数時間、数千円で自分も追体験できるのだ。
時間の使い方を大切にしているわたしにとって、読書の効用は計り知れないものがある。有意義な時間を過ごすためにも、読書は本当におすすめである。

時間の使い方で人生は変わる――。

あらためて、肝に銘じておきたい。

23

常に「終わり」を意識して逆算して生きる

先にも述べたように、わたしの弟は高校2年生のときに腎臓に病を患い野球を断念することを余儀なくされた。このときわたしは、「自分の意思とは無関係に、外的要因によって人生が変えられることがあるのだ」ということをはじめて実感した。

いくら望んだとしても、自分の努力や意思ではどうにもならないことがある。そんなことに気づかされたのがこの一件だった。

それ以来、「物事には必ず終わりが来る」ということ、「自分の意思とは無関係に終わりが訪れることもある」ということを意識して生きるようになった。

極端な例かもしれないけれど、明日交通事故に遭《あ》うことがあるかもしれないし、突然の病に倒れることもあるかもしれない。

新型コロナウイルス禍により、さまざまなことが制限されたことも記憶に新しい。まさか、甲子園大会が中止になることがあるなんて、当事者である高校球児はもちろん、世間の人々は想像もしていなかったはずだ。あるいは、ロシアとウクライナとの一件のように、平和だった日常が突然終わりを告げ、戦争状態に巻き込まれることもあるかもしれない。

まさに、一寸先は闇なのである。

こうした思いを常に抱いていれば、たとえ故障に苦しんでいても、たとえ疲れがピークに達していたとしても、少々のことでは「休みたいな」という思いはなくなる。どんなに望んだとしても野球ができなくなってしまった弟と比べれば、そんな贅沢《ぜいたく》なことはいってはいられないし、野球ができる幸せのほうが勝るからだ。

もしも明日、突然の終わりが訪れるとしたら……。

そう考えるだけで、自分自身の弱さを封じ込めることができる。自分の内に潜む「弱さ」が顔をのぞかせそうになったときに、この思いは強力な武器となる。

現役時代、連続試合出場記録を更新することができたのも、どんなに面倒くさくても日々の練習を欠かすことがなかったのも、こうした思いのおかげだった。

また、「物事には必ず終わりが来る」と意識することによって、気がつけば「常に〝終わり〟を意識して逆算する」という思考プロセスを、わたしは自然に身につけることになった。

まず、こうありたい自分、目標としたい出来事、つまりは「ゴール」を設定する。続いて、その「ゴール」から逆算したうえで、「どのルートをたどれば、そのゴールに近づけるのか？」を考える。

その結果、「いま行っている努力」が、単に「現在」だけのものではなく、「未来」を見据えた「将来への布石」と変わっていくのである。

人は困難に直面したとき、つらい心境にあるとき、どうしても視野が狭くなり、目の前のことしか考えられなくなってしまう。しかし、「常に〝終わり〟を意識して逆算する」という意識を持っていれば、視野狭窄《しやきょうさく》に陥る心配もなくなる。


具体的な例をあげよう。

わたしは現役時代に、短期的な目標として「1年間をトータルで考える」ことを意識していた。1シーズンで143試合あるとして、およそ年間150本のヒットを打てば、打率は3割くらいに到達して年俸もアップすることになる。

そこをひとつの「ゴール」として設定すると、3月終わりから9月末にかけてのおよそ半年間で、「月に25本程度」のヒットを打てば、打率は3割程度となる。

それをさらに細分化すれば、「週に6〜7本」くらいが目安となる。

もう少し細かく考えてみよう。1シーズン143試合、1試合に4回打席に立つとしたら、一日1本ヒットを打てば年間打率は2割5分となる。これでは「打率3割」には届かない。もちろん、1試合で2本ヒットを放つマルチ安打もあれば、3本ヒットを打つ猛打賞を獲得する日もある。

こうした「貯金」があれば、ノーヒットで終わった試合も動じることはない。

もちろん、好不調の波もあれば、相手の調子が自分よりも上回っていることもあるから、必ずしもこちらの思惑どおりに事は進まない。けれども、それはそれで別に構わない。わたしとしては、あくまでも「ゴールから逆算したプロセスを確認すること」に意味があるからである。

調子のいいときにはプランよりも多くヒットを打てるし、調子が悪いときには「来週はこのぶんを取り戻すぞ」となり、漫然と打席に立つことがなくなるのだ。

たとえ「今日はノーヒットだった」という日があっても、次の試合で「今日は昨日のぶんも打つぞ」と思うことができる。もしもその日も打てなければ「月に25本程度打てばいいのだから、目先のことを気にすることはない」と視線をずらすことで、軌道修正がしやすくなるものだ。

常に視線は先にあるから、目の前の出来事に一喜一憂することがなくなる。結果的に目標を達成できたのかどうかは、シーズン終了時にあきらかになる。だから、連続試合出場を含めた、「記録」といったものに心を乱されることもなくなる。

常に「明日やるべきこと」が意識にあれば、失敗を引きずることもかなり減る。最悪なのは失敗を引きずることで、さらなる泥沼に陥ることだ。

しかし逆算思考があれば、それを防ぐことも可能となる。

プランニングについては、次項で詳しく説明するが、これもまた「終わりから逆算すること」の大きなメリットなのだ。

24

目標達成のためには、「プランの細分化」が必要

目標を達成するうえで、プランニングはとても重要だ。

現役時代、わたしは常に「短期的プラン」と「長期的プラン」を同時進行で行うように意識していた。これまで何度か述べてきたように、プロ入り時には次のような長期的プランを思い描いていた。

・40歳までショートで試合に出続けること。
・メジャーリーガーとしてアメリカでプレーすること。

こうした目標があったから、逆算した結果、土のグラウンドである甲子園球場を本拠地とするタイガースへの入団を決めた。そして、40歳を過ぎても現役を続けるために、「30歳の頃にはどうあるべきか？」「35歳ではどうなっていたいか？」ということを、さらに細かく考えていった。

例えば、多くの選手が30代を迎える頃に身体に変化が訪れるということを聞いていたので、「この時期が訪れる前に断食をしてみよう」「グルテンフリーを試してみよう」と、30代を迎える前に自分なりにいろいろなことにトライしてみた。

トレーニングと食事は常にセットで考えなければならない。効果的なトレーニングでダメージを受けた筋肉を適切な食事で修復する。このサイクルが上手に回ることで、プロアスリートとしてのパフォーマンスも可能となる。

だからこそ、食事については徹底的に勉強した。

大学時代は「とにかく身体を大きくしたい」という思いだったので、質より量を重視して、たくさん食べることを意識していた。

しかしプロに入って、「いつまでもこのままでいいわけがない」とわかっていたし、「30代になる頃にはこんな食事ではダメだろう」ということも理解していた。

だから、24〜25歳になる頃にはすでに「自分の身体を実験台にしてみよう」という思いで、さまざまなことに積極的にトライしたのだ。

まずは、糖質制限を試みた。さらに、料理に使用する油を亜麻仁《あまに》油やMCTオイル（中鎖脂肪酸油）に変えてみた。

あるいは肉食をやめたこともあったし、前述したように、小麦粉を使わないグルテンフリーに挑戦したこともある。

シーズンオフには断食合宿に参加したこともある。2泊3日のあいだ、指定された酵素ドリンクと水以外はなにも口にしなかった。結果的にいいリフレッシュとなったし、体調もよくなったので、わたしにはとても意味のある体験だったように思う。

こうしたことはいずれも、「40歳を過ぎても現役を続けるために」「30代で体調に変化が訪れたときのために」という長期的展望から逆算したアクションだった。

その一方で、前項で述べたように「年間をどのように過ごすか？」という短期的プランも同時に実行していた。

一年を1カ月単位、1週間単位、あるいは1試合単位で、臨機応変に「いま自分はどの辺りにいるのか？」「いま自分のやるべきことはなんなのか？」を常に確認しながら進めていくのだ。

だから、例えば3打数0安打で、まったくいいところがなかったとしても、第4打席で投げやりになることもなかった。

前述したように「最低一日1本はヒットを打とう」と考えていたので、ここでヒットが出ればその日の目標は達成できたことになる。しかし、ここで投げやりになって1打席を無駄に終わらせてしまえば、翌日の試合では「昨日は0安打だったから、今日は2本打たなければ」と、結果的に自分を追い詰めてしまうことになる。

この第4打席でヒットを打てなくてもいい。仮にここでフォアボールを選ぶことができれば打率は下がらず、結果的にヒット1本ぶんと同じ価値を持つことになる。これも、「プランの細分化」の一例であろう。

余談になるが、現役時代は常に、その日の「第1打席」と「最終打席」に重点を置いていた。たとえアウトになったとしても、前日の「最終打席」に納得のいくバッティングをしていれば、翌日の「第1打席」はいいイメージを持ったまま打席に入ることができ、その日の試合に好影響をもたらすことになる。

今日の試合は明日の試合につながっている。

その反対に、昨日の試合は今日の試合の伏線でもある。

つまり、逆算であると同時に順算でもあるのだ。

逆算思考で遠い将来にフォーカスをあてることが、結果的にいま、目の前の出来事も決しておろそかにはしないという好循環を生み出すことになっていた。

長期的プランがあれば、必然的にそれを実現するための中期的、短期的プランも必要になってくる。

わたしの場合でいえば、長期的プランが「現役引退時まで」であり、中期的プランが「1シーズン」であり、短期的プランが「1試合」ということになる。

さらに、その「1試合」も、「1打席」、さらには「1球」と細分化できる。こうしたこととの積み重ねが、物事の成功へとつながるのだとわたしは考えている。

25

長期的プランは「逆算」。短期的プランは「順算」

長期的なプランについては「逆算思考」で考えると述べた。これはすなわち、自分の目指すべき「ゴール」にフォーカスする思考プロセスである。

その一方で、「いま」にフォーカスする積み上げ式の「順算思考」も重要となる。具体的な例をあげていこう。

前述したように、わたしは目の前の結果に一喜一憂することなく、中長期的視野を持って物事に取り組んでいる。

しかし、「未来」とは、つまりは「現在」の積み重ねである。1シーズンを通じて、きちんと結果を残すことを目標にするからには、当然、日々の試合は行われており、目の前の1打席、1球をおろそかにすることはできない。

実際の試合を例にあげて説明したい。

左バッターボックスに入って、相手投手と対峙《たいじ》する。バッテリーのサインの交換が終わり、初球が投じられる。ストライクとなることもあれば、ボールになることもある。ストレートが投じられることもあれば、変化球で攻めてくる場合もある。

わたし自身も、初球から積極的にスイングすることもあれば、様子見のために見逃すこともある。同じ「見逃し」でも、確信を持ってバットを振らないケースもあれば、狙い球を決めかねていて手が出ないケースもある。

このように、たかだか「1球」にも、さまざまな思惑が隠されている。そして、この1球が、次の1球の伏線となる。

初球を見逃したことで、ひょっとしたら相手キャッチャーはわたしの重心を確認して、わたしがなにを狙っているのかのヒントを得たかもしれない。かかと体重となったことで、キャッチャーはアウトコースを要求するかもしれないし、逆を突いてインコースを攻めてくるかもしれない。

（そういえば、以前の対戦では同じコースを続けてきたことがあったな……）

そんなときに、わたしの脳裏に過去の対戦がよみがえる。このキャッチャーの配球の癖なのかもしれない。いや待てよ……これは単なるエサまきなのかもしれない。それに、あのときの投手はコントロールがよかったけれど、この投手はあまりコントロールがよくない。この場面では裏をかいてくるかもしれない。

……こうなると、もはやいたちごっこである。

このときの思考プロセスを説明すれば、これは逆算思考とは異なる。

もちろん、相手投手のウイニングショットから逆算して、相手バッテリーの配球を予想して打席に立つこともある。これは、逆算思考である。

しかし、先にあげた例のように、1球1球、時々刻々と状況が変わっていくなかで狙い球を絞っていく作業は、「逆算」ではなく「順算」である。

長期的プランについては、ゴールを設定してそこからの逆算が重要になるけれど、いま目の前で起きていることに関しては、状況に応じた瞬時の判断が求められる。打席に立っているときに悠長なことはいっていられないからだ。


現役時代、わたしはしばしば「覇気がない」と批判をあびた。「もっと闘志を表に出せ！」といわれたこともある。感情を出すことで結果がよくなるのであれば、いくらでも叫んだり、怒ったり、喜んだりしたことだろう。

しかし、決してそんなことはない。試合が続いている以上、相手に隙を見せるようなことはしたくなかったし、相手を侮辱する必要もないと考えていた。

なるべく感情を表に出さず、常に平静を保つようにしていたのは、打席のなかで必死に考えていたからである。

しっかりと考え、万全の準備をしなければ失敗する可能性が高くなるからである。逆にいえば、どんなときでも落ち着いて考えることができれば、成功の可能性はグッと高まるのだ。

闘志が空回りして失敗に終わるより、冷静に考えたうえで失敗したほうが絶対に次につながる。どんなシチュエーションであっても、常に感情をコントロールすることを心がけていたのはそんな理由からだった。

現役時代のわたしは、確かに「覇気がない」とか「闘志が感じられない」ように見えたかもしれない。けれども、それは常に考え事をしていたからであり、それだけ集中していたということの証明でもある。


長期的プランにおいては、じっくりと腰を据えて逆算思考が大切になる。

短期的プランにおいては、瞬時の判断が要求される順算思考が重要となる。


この両方のベクトルを併せ持つことで、より成功の確率は高まるはずだ。

これはもちろん、野球だけに限った話ではない。

例えば、あるプレゼンを任されたときに、「契約を取る」というゴールに向けての逆算思考で入念な準備をして本番に臨むことだろう。

しかし、プレゼン本番において、予期せぬような指摘や、まったく想定外の質問を受けた場合、「持ち帰って検討します」では遅いのだ。この時点では、それまでに準備したものをフル動員して順算思考でその場に適応しなければならない。否定的にとらえれば、「その場しのぎ」のように見えるかもしれない。しかし、入念な準備を行っていれば、それは見事な「アドリブ力」となる。

長期的プランは「逆算」、短期的プランは「順算」――。

これが、「鳥谷流プランニングの極意」である。

26

意味のない「ルーティン」に縛られない

プロ野球選手のなかには、試合前、試合中、試合後、それぞれに必ず決まった手順、お決まりの所作、日課を行うことでベストパフォーマンスを発揮することを意識づけている人がいる。

いわゆる「ルーティン」と呼ばれるもので、これを取り入れることで「やる気スイッチが入る」「平常心が保てる」「緊張が緩和する」「集中力がアップする」など、さまざまな効用があるといわれている。

しかし、わたし自身は、こうしたルーティンは、あえて意識しないようにしていた。

バットスイングをすること、ランニングをすること、筋トレをすること。プロ野球選手にはたくさんの練習がある。こうした単調な作業は、顔を洗う、歯を磨くといった作業のように「習慣化」することで、「面倒くさいな」という思いを払拭《ふっしょく》できるという点では意味があると思う。

しかし、単なる習慣化には落とし穴も潜んでいる。

例えば、自動車の運転を考えてみてほしい。運転免許証を取得して初心者マークをつけている頃は、技術のなさによって事故を招くこともあるかもしれない。

やがて経験を重ねて運転が上手になると、事故の原因は決して「技術不足」ではなく、「慣れ」だとわかってくる。

日頃の経験則から、「この道は人通りが少ない」とか「この時間帯ならば対向車は来ない」という、自分ならではの独断や根拠のない思い込みによって事故の確率はグッと高まるのである。

これは野球においても同様で、同じことを繰り返しているうちに慣れが生じてきて、思わぬケガやミスにつながりかねない。当然、ビジネスにおいても、「慣れ」から生まれる油断や慢心はミスの原因となるだろう。

このように、単なる「習慣化」は無意味であるとわたしは考えている。トレーニングに関しては、日々の自分の状態を確認するために積極的にしているけれど、単に毎日同じことを繰り返すようなことはしない。

いずれにしても、「ひとつのことだけを絶対にやろう」「これをやらなければ気持ち悪くて仕方がない」というものは、意識的につくらないようにしてきた。

例えば、「毎日バットを100回振ろう」と決めたとする。

ほかの人はどうかはわからないけれど、少なくともわたしの場合は「100回振る」ということが目的となってしまい、「どんな形であれ、100回振ればいいや」と考えてしまうことだろう。それはあまり意味があることではないし、はっきりいえば時間の無駄だと思うので、わたしは好きではない。

同じ「100」を意識するのならば、「今日は100スイングしよう」「今日は100本走ってみよう」と、日々やることを変えるのならばいいとは思う。

全試合フルイニング出場を続けていた頃のことだ。

毎日、試合開始時間は一緒だから、練習時間、休養時間、食事の時間もおのずと決められてくる。傍から見れば、それは「ルーティン」と見えたかもしれない。本拠地の甲子園球場でナイトゲームが行われる場合、毎朝11時頃、わたしはランニングをしていた。その姿を見て、「毎朝11時にランニングをするのが鳥谷のルーティンなのだな」と思う人もいただろう。

しかし、自分の意識ではそれはルーティンではなかった。

確かに「走る」という意味では同じ作業かもしれない。しかしわたしは、その日の体調に応じて「走り込みが足りないな」と思えばダッシュをしたり、「ちょっと疲れているな」と感じたときには少しペースを落としてみたり、その日の体調に応じて練習メニューを変えていた。

これは単なる「習慣化」とは異なり、常にその日の自分の体調と向き合い自問自答した結果での選択だととらえていた。

先にも述べたように、プロ野球の世界は1年間で143試合も行われる。当然、いいときもあれば、悪いときもあり、結果は日々異なる。

同じルーティンを行っているのに、毎日の結果が違うのだ。だから、ルーティンにこだわることはやめた。同様に、「験担《げんかつ》ぎ」にもこだわりはない。

自分の調子がまったく上がらなかったり、チームの連敗が続いていたときに、球場への行き帰りの道のりを変えたりしたことはあったにせよ、せいぜいそれぐらいのものだ。

「物事は必ず左から」とか、「必ずこれを身につける」といったものはなにもない。

打てなくなったらバットを替える、ということもない。グローブは年間3個を使い、特定のものばかり使うということはしない。

わたしが意識していたのが、「今日はコレをやらなかったから、結果が出なかったのだ」というマイナス要素を自らつくることはしたくないという思いだった。

意味のないルーティンは、なにも考えずに済むからある意味ではラクだと思う。それで効果を感じられるのならば、積極的に取り入れればいい。

けれども、単なる気休め程度でしかないのならば、無意味なルーティンではなく、意味のあるアクションを積極的に行ったほうがいい。

27

あとで問題になりそうなことは、最初に済ませておく

2013年3月に行われた「第3回WBC（ワールド・ベースボール・クラシック）」については、第3章でも述べた。

第1回・王貞治《おうさだはる》監督、第2回・原辰徳《はらたつのり》監督のもと、侍ジャパンは2大会連続優勝を成し遂げた。当然、山本浩二《やまもとこうじ》監督のもとでは「大会3連覇」を目指していた。

わたしにとっては、プロ入りしてからははじめてとなる代表メンバー入りだったので、もちろん期する思いも大きかった。

あれは大会前のサインミーティングのことだった。

侍ジャパンメンバーは各チームを代表する一流選手ばかりだ。当然、実力も経験も日本有数のトッププレーヤーばかりだった。しかし、野球とはチームプレーであり、いくら個人的技量が優れた選手がそろっていたとしても、チームとしてのまとまりを欠いていたり、チームとしての戦略、戦術がなかったりしたら、決して世界の舞台で勝利することはできない。

そこで重要になるのが、「緻密《ちみつ》なサインプレー」となる。

日本野球は「スモールベースボール」と呼ばれるように、なんとしてでも1点を奪う野球、絶対に1点をやらない野球を展開することでWBC2連覇を成し遂げていた。大会3連覇を目指すにあたって、サインプレーの重要性は誰もが理解していた。

このときのサインミーティングにおいて、わたしは高代延博《たかしろのぶひろ》内野守備・走塁コーチに質問をした。

「ヒットエンドランのサインが出たものの、相手バッテリーに見破られて手の届かないところに大きく外された場合、打者はそれでも空振りをしたほうがいいのか、それともあえて振らなくてもいいのか？　このチームではどうしますか？」

この質問をしたのは、チームによって対応が異なるからだ。わたしの経験上、このケースにおいて、「絶対に振れ」というチームと、「無理して振らなくてもいい」というチームがある。

当然、WBCにおいても、こうしたケースが想定される。その場合に、選手としてはどうすればいいのかを最初に確認しておきたかったのだ。この質問を受けて、このときの侍ジャパンでは、「ツーストライクと追い込まれている場合では、無理して振らなくてもいい」という決め事ができた。

のちに高代さんが、「鳥谷は日頃から頭を使って野球をしていることがよくわかった」と褒めてくれたという。同時に、「鳥谷からの質問がなければ、曖昧なまま試合に臨んで痛い目に遭っていたかもしれない」といっていたと聞いた。

このとき、わたしの頭にあったのは「チームとしての方針を知りたい」ということだった。一流選手がそろっているからある程度見栄えを考慮に入れた華々しい勝ち方を望んでいるのか、それとも泥臭くてもいいから「なんとしてでも勝つ」というスタンスで臨むのか、首脳陣を含めた選手全員の考えを知りたかったのだ。日頃のペナントレースと違って、日本を代表して国際大会に臨む以上、自分の成績は度外視してでも、少しでもチームのために、金メダルのために力になりたい。そんな思いは強くあった。

チームのために尽くしたいと思っていても、チーム方針、スタンスが明確でなければ、選手は実力を発揮しづらい。だからこそ、不明点は早い段階でクリアにしておく必要がある。そんな思いから発したのが、先の質問だったのだ。

そして、これはビジネスにおいても、人間関係においても役に立つことだと思う。あとで問題となりそうなこと、論議となりそうなことは、あと回しにせずに先に終わらせておいたほうがいい。

タイガース在籍時代から、2月のキャンプ中に病院訪問をしていた。最初は、自分の影響力を実感することもなく「少しでも子どもたちの力になれればいいな」という思いから始めたものだった。

しかし、何年も通っているうちに、「わたしがなにかをしてあげている」のではなく、むしろ「わたしのほうが力をもらっている」ということに気がついた。

それまで、まったく野球に関心がなかった子どもたちが、これをきっかけに野球に関心を持ったり、タイガースファンになったりするケースも多いという。「野球人気低迷」が問題視されて久しいが、こうした地道な活動もやがて実を結ぶこともあるのかもしれない。

現役を引退したいまでも、病院訪問は続けている。けれども、すでに現役を引退してしまった以上、わたし自身の影響力も少しずつ減っていくことだろう。それでも、活動をやめるつもりはないし、できることを続けていくつもりだが、近年では新しい展開も生まれ始めている。

この病院訪問の一件を、古巣であるタイガースに相談して、球団としての公式行事として、新人選手による病院訪問を定期的に行うことが決まったのだ。もちろん、そこにはわたしも立ち会うようにしている。

例えば、毎年3人の新人が病院を訪れるとして、10年間続けたら合計で30人になる。この30人のうち、たとえ3人でも、5人でも継続してボランティアやチャリティーに関心を持つようになれば、世の中は必ずいい方向に進んでいくのではないか？

野球好きな子どもたちを少しでも増やすこと。
ボランティアに関心を持つプロ野球選手を増やすこと。

将来的に重要なこと、問題となりそうなことに対して、いまから手を打っておく。これもまた、ある意味での逆算思考であるといえるだろう。

あとで問題になりそうなことは、最初に済ませておく――。

ズルズルと先延ばしにしても、なにもいいことはない。早めに手を打つことで、未来を切り開くことができるのである。

28

死ぬ間際までに、どれだけ理想に近づけるか

アマチュア時代に「プロのショートとして40歳を過ぎても第一線で活躍をする」と目標を立てて、そこまで走り続けてきた。

この一件に象徴されるように、「物事は常に逆算して考える」生き方で、不惑を迎えることになった。現役選手としての日々は終わったけれど、もちろん人生はまだまだ続く。これからやってみたいこと、理想の人生像もすでに思い描いている。そこに至るまでの新たな「逆算」も胸に秘めている。

人生は最後の最後まで、ずっと勉強が続くのだろう。

ここでいう「勉強」とはもちろん、学校で習うような類のものではなく、「経験」を積み重ねていくことだ。

出場機会に恵まれなかった現役晩年――。

「試合に出たい」というもどかしさは常に抱えていたけれど、あの数年間があったから、試合に出られない選手の心情を実感として理解できるようになった。ベテラン選手を試合から外すとき、首脳陣はどんな心境となるのか？　そんなことを考えることなど、こんな機会でもなければ決して訪れなかったことだろう。

セ・リーグの超人気球団であるタイガースから、パ・リーグのマリーンズに移籍したことで、両リーグの特徴、チームカラーの違いを実感することになった。

将来的に指導者になりたいという思いはいまのところないけれど、もしもそんな機会が訪れるとしたら、中心選手としてバリバリ活躍していた時期よりも、むしろ試合に出られなかった数年間の経験のほうがずっと役に立つのではないだろうか？

今後の人生でつらい目に遭ったとしても、組織のなかで冷遇されたり、冷や飯を食わされたりする事態になったとしても、そのなかでもわたしは自分のやるべきこと、やれることを探すだろう。そんな自信を身につけることにもなった。

選手としてはもちろん、人間としてもおおいに成長できたのがこの時期だった。本当にいい経験になったし、あらためて「人生には無駄なことはないのだ」と痛感することになった。


これまで、わたしは自分なりに勉強を重ねてきたつもりだ。しかし、それはあくまでも「プロ野球」という世界での経験であり、すべての世界において通用する「常識」ではないことはよく理解している。

また、野球の世界においては、理論も技術も日進月歩で、かつての「常識」がいつまでも正解である保証はなにもない。かつては、「練習中に水を飲んではいけない」という考え方が主流だったが、令和の時代になってそんなことをいう指導者がいたら、勉強不足以外の何物でもない。

だから、自分が経験してきたこと、学んできたことも、やがては古びてしまい、まったく役に立たなくなる時代が来るかもしれない。いつまでも過去の実績に安住していたら、すぐに取り残されてしまうことだろう。

これまでの経験や感覚に固執することなく、常に新しいものを取り入れていく姿勢は絶対に失いたくない。現状維持を目指している限りは、間違いなく緩やかに停滞していく。「もっと成長しよう」「常に変化しよう」という思いがあって初めて現状維持が可能となり、自分自身の成長にもつながるのだろう。

常に「自分自身をアップデートする」という思いは、これからも忘れずにいたいものだ。

現役時代は、いつも「終わり」を意識して生きてきた。だからこそ、目の前の一瞬一瞬を大切にすることができたし、時間を浪費することもなかった。もしも、時をさかのぼることが可能となり、もう一度プロ野球選手になれるとしても、さらにいい成績を残せる自信はない。

タイガースとマリーンズで過ごした18年間のプロ生活において、自分のできることを精いっぱいやってきたという自負がある。「もう、これ以上なにもできない」というぐらい完全燃焼してきた。自分のやれることをすべて出し切った結果が、2243試合出場であり、通算2099安打なのだ。だから、そこには一切、後悔はない。

現在、プロの世界で奮闘している後輩たちにも、決して悔いのないプロ野球人生を過ごしてほしいと願っている。現役でいられる時間はあっという間だ。ユニフォームを脱ぐときに、「やるだけのことはやったのだ」と悔いのない終わりを迎えてほしいと、心から願っている。

人生、すべてが勉強である——。

ということは、すなわち死ぬまで勉強の日々は続くということを意味する。自分がどんな環境にあろうとも、どんな扱いを受けていようとも、それはすべて勉強の機会となる。

すべての出来事にはプラスとマイナスの両面がある。マイナス面ばかりフォーカスしていたら、本当につまらない人生を過ごすことになるだろう。

しかし、プラス面に光をあてて、自分のできることを模索する人生を過ごすことができれば、人生の輝きも増してくるはずだ。

人生における成功や失敗の定義は、人それぞれだろう。大切なのは、自分の人生が終わる瞬間に「あぁ、いい人生だった」とか、「きちんと他人のことを考えられる人間になれた」と思いながら、静かに目を閉じることではないだろうか？

死ぬ間際までに、どれだけ理想に近づけるか？

究極のゴールは、そんなことではないだろうか？

その日が来るまでは、自分の人生はしっかりと自分の足で歩み続けていきたい。

それこそが、究極の「逆算思考」なのではないだろうか。

- □ 誰にでも平等に与えられている「時間」の使い方で人生は変わる。

- □ 常に「終わり」を意識すれば、自分自身の弱さを封じ込めることができる。終わりから逆算することでやるべきことが明確になる。

- □ 長期的プランを実現するための中期的、短期的プランが必要であり、プランの細分化が物事の成功へとつながる。

- □ 長期的プランは、設定したゴールからいますべきことを考える「逆算思考」、状況に応じた瞬時の判断が求められる短期的プランは「順算思考」。

- □ 単に同じことを繰り返すこと＝ルーティンに縛られず、常に考え、意味のあるアクションを積極的に行ったほうがいい。

- □ 将来的に重要なこと、問題となりそうなことに対して早めに手を打つことで、方針やスタンスが決まり、実力を発揮しやすい環境がつくれる。

- □ 究極のゴールは「死ぬ間際までに、どれだけ理想に近づけるか」。そこにどう向かっていくのかを考えるのが、究極の「逆算思考」。

第5章

幸せな人生を歩むために

29

努力はすればするほど、自分にかえってくる

タイガース最終年となった2019年シーズン――。

この年も、春季キャンプ時点から、ショートのレギュラーを目指して北條選手と争うことになった。オープン戦で結果を残し、「よし、今年こそは」と思っていたものの、開幕スタメンの座は北條選手ではなく、ルーキーの木浪聖也《きなみせいや》選手に明け渡すことになってしまった。

このときはさすがに、いろいろなことを考えた。

プロ16年目にしてはじめての「開幕スタメン落ち」がショックだったのではない。オープン戦のあいだずっと試合に出続け、そして結果も残していたのに、いざペナントレースが始まると試合に出られない。開幕早々、「今年はおまえを使うつもりはない」と監督から告げられたような事態が訪れたことは、少なからずショックだった。

この年は、5年契約の最終年でもあったから、自分なりに覚悟も芽生えた。「今年限りでタイガースを去るのかな?」という思いではない。「現役引退が、すぐそこまで迫っているのだな」という思いだった。

当時の矢野燿大監督に、どのような考えがあったのかはわからない。けれど、このときも「最初から勝負はなかったのだな」と理解した。

もちろん、悔しくないはずがない。けれども、これまでに何度も述べてきたように、「必ずいつかチャンスは訪れるはずだ」という思いを持って、あらためて自分のできることに取り組んだ。

この時期は、基礎的なトレーニング、ランニングに励んだことを覚えている。何事もそうだが、なにか新しいことを始めても、目に見える形でその成果が表れるまでには多少の時間を要するものだ。

しかし、トレーニング、ランニングというのは、やればやっただけ目に見える形で成果となって自分にかえってくる。先行きが見通せないときにあって、「やればやっただけ自分に還元される」というのは、モチベーションを保つ意味でもありがたかった。

開幕直後に、「今年は自分の出番はないのだ」と理解した。それは、プロ16年目、38歳になるシーズンのことだった。5年契約の最終年でもあり、この時点で「もういいや」とすべてを投げ出すことになれば、この年限りで現役生活も終わりを告げていたかもしれない。

けれども、自分には「40歳になってもショートで試合に出る」という目標があった。ここで自暴自棄になるわけにはいかない。だからこそ、努力の成果が目に見えて自分にかえってくるトレーニングに集中することができた。

そして、結果的にこのときにきちんとトレーニングに励んだことで、翌年のマリーンズ移籍につながり、２０２１年シーズンまで現役生活を送ることが可能になったのである。

現役引退後のいまでも、わたしはトレーニングを続けている。

きちんと身体を動かしていれば、必ず身体は変わってくる。その達成感、満足感を味わってしまえば、その快感が原動力となり、次の目標に対するモチベーションにもつながるのだ。

大学時代には体力不足のために、76～77キロあった体重が67～68キロ程度に急激に落ち込んでしまった。そこで、決められた練習以外に、自ら積極的に理論を学び、時間を見つけてはトレーニングに励むことにした。わたしが在籍していたのはスポーツ科学部だったため、授業で学ぶこともできたし、身近に相談する人もいたし、そのための設備が整備されていたことも大きかった。

最初は本当につらかったけれど、それでも黙々とトレーニングを続けていくと、3カ月くらいが経過した頃から、見るからに身体つきが変わってくるのが自分でもよくわかった。この頃になると、「トレーニングしないと気持ち悪い」という感覚を持つようになっていた。

先に「無意味な習慣化はやめたほうがいい」と述べたが、これは自然と習慣化したものであり、この頃すでにわたしにとってトレーニングは必要不可欠なものとなっていた。

トレーニングによって身体ができてきて、代謝も上がり、食事もたくさんとることができるようになった。すると体重は80キロ程度になっていた。なにもせずにただブクブクと太ったわけではなく、きちんとした理論のもと、正しいトレーニングと栄養補給、そして休養の結果もたらされた新たな肉体だった。

こうして、東京六大学野球史上最速タイとなる、2年春季に三冠王を獲得した。それは、わたしにとって思いもよらぬご褒美となった。

このとき、大切なことを悟った。

まずは目標とご褒美をセットにしてトレーニングを続け、目に見える成果を出すこと。すると、それはさらなるモチベーションアップにつながり、努力することが苦でなくなること。大学時代に、こうした「成功体験」を経験していたことが、のちのプロの世界でもおおいに役立つことになった。

開幕早々、「今年は自分の出番はないのだ」と悟ることになった2019年シーズン。それでも、腐ることなく、黙々とトレーニングを続けることができたのはこうした経験があればこそ、だった。


ビジネスにおいても、人間関係においても、困難に直面したときこそ、小さなことをコツコツと続けることが大切だ。

努力はやればやるほど、自分にかえってくる――。

そう信じて、腐らずに目の前のことに精いっぱい取り組むこと。それこそが、困難を打開するための唯一にして、最良の方法なのである。

30

腹が立つときこそ、かっこよくあれ

プロ15年目となる２０１８年シーズン、5月18日のことだった。

この日、代打で出場して、球団記録となる２０１１試合出場を記録した。

わたしの出番は試合終盤の9回だった。球団記録がかかっていたことは知っていた。だから、「必ず出番は来るだろう」という思いとともにベンチで戦況を見つめていた。

そして、走者のいる場面でいよいよ出番が回ってきた。バッターボックスに入ってサインを確認したその瞬間、わたしは自分の目を疑った。

送りバントのサインだった——。

もちろん、1点を争う大切な場面である。ひとつでも先の塁にランナーを進めて、後続のバッターに託したいという監督の意図は理解できる。

ただ、長いプロ生活において、こうした場面でバントのサインが出たことはなかった。ベンチからのサインは絶対である。もちろん、指示にしたがうしかない。

しかし、この瞬間の気持ちをいえば「ファウルでもいいや」という投げやりな気持ちがあったのは確かだ。半ばやる気を失ったまま、わたしはバントの構えをした。

すると、驚いたのは相手バッテリーだった。

キャッチャーはタイムを取り、自軍ベンチの指示を確認する。そのままマウンドに行き、ピッチャーと何事かをささやき合っている。

相手からしても、「本当にバントをしてくるのか?」と疑心暗鬼になっていたのだろう。そして、この「一瞬の空白」はわたしにとって幸いした。

ベンチからのサインを見たときに、「えっ、ここでバント?」と感じると同時に「なんで記録のかかった節目の試合でバントのサインを出すのだろう?」という、ふてくされた感情に支配されたのは紛れもない事実だった。

しかし、相手バッテリーがタイムを取って話し合いをしているあいだに、冷静に考える時間がもたらされることになった。

この瞬間、わたしは冷静さを取り戻したのだ。

「プライドを傷つけられた」とは思わなかったけれど、腹が立たなかったといえば嘘になる。だからといって、仮にそこでわざとバントを失敗してファウルになっていたとしたら……。

考えただけでも恥ずかしい。もしもそんなことをしていたら、その一瞬だけは個人的な溜飲《りゅういん》が下がるかもしれないが、冷静に考えてみれば、それは首脳陣への反抗にしかすぎず、チームプレーである野球選手として、サインを実行しないということは絶対に許されないことだ。

ベンチでは若い選手が見ていた。当然、わたしにバントのサインが出ていたことも知っている。彼らもプロ選手である以上、「本気でやって失敗した」のか、それとも「最初からファウルを打つつもりだったのか」はすぐに理解するだろう。もしもわたしが若手選手だとしたら、その先輩選手を軽蔑《けいべつ》するだろう。一時の感情に我を忘れ、首脳陣からの指示を無視するような先輩に対して、「口では偉そうなことをいっていても、いざというときに自分勝手なプレーをする人なのだ」という目で、その人のことを見ることだろう。

逆に、怒りの感情を表に出すことなく、淡々と自分の役割をこなすとしたら、わたしはその先輩のことを「かっこいいな」と尊敬することだろう。

結果的に、相手バッテリーによって冷静になる時間をもたらされたことで、わたしは指示どおりバントを決めることができた。ベンチに戻ってからも、普段どおりに感情を表に出すことなく、自軍の応援に努めた。

いまから振り返ってみても、自分の判断は正しかったと思う。

一時の感情に支配されて、我を忘れてしまったとしたら、そこで失うものは大きかったはずだ。けれども、そんなときこそ、冷静さを取り戻して、自分のなすべきことを淡々と行うことができたことは幸いだった。

現役時代、「ずっと感情を表に出すことは控えていた」と、すでに述べた。それは、「野球のプレーにおいて感情表現は不要だ」と考えていたからだ。そして、それは野球に限ったことではないと、あらためて痛感している。

人間には喜怒哀楽の感情がある。嬉しいときには全身で喜びを表現し、悲しいことがあれば人目もはばからずに涙を見せ、理不尽なことがあれば徹底的に怒りをあらわにする……。それは、本当に「人間らしいこと」だと思う。

しかし、仕事の場において、こうした感情表現ははたして必要なことだろうか？たとえ「覇気がない」と非難されることになろうとも、きちんと成果を得るまでは、冷静に事に臨むほうが「正解」ではないだろうか？

感情を揺さぶられるような事態に直面し、冷静な判断ができないなかでなんらかのジャッジを求められたとき、わたしが重視するのは「それはかっこいいか、かっこ悪いか？」ということだ。

腹が立つときこそ、かっこよくあれ——。

パニック状態に直面して取り乱したり、我を忘れてしまったりすることは、本当にかっこ悪いと思う。わたしは、かっこ悪いことはしたくない。

31

判断の基準は、「かっこいいか、かっこ悪いか？」でいい

前項で述べたように、怒りに我を忘れそうなとき、つい冷静さを失ってしまいそうなとき、自分を律するために「かっこよくありたい」とか、「かっこ悪い自分は嫌だ」と考えるのは、意外と効果的だ。

以前、「鳥谷さんの美学はなんですか？」と尋ねられたことがある。

その際にわたしは、「迷ったときには、『この選択はどちらがかっこいいのか？』を考えるようにしている」と答えた。

2019年オフ、16年間過ごしたタイガースを去ることを決めた。このとき、多くの人から「タイガースで現役を終えたほうがいい」とアドバイスをもらった。タイガースひと筋で野球人生を終えたほうが、その後の人生においてなにかと都合がいい。そんなアドバイスをもらったこともある。

けれども、わたしは現役続行にこだわった。「まだまだ身体は動く」という手応えもあったし、「40歳でショートを守る」という目標もあったからだ。

しかし、このとき「もしもNPB（日本野球機構）の球団がダメなら、韓国や台湾、あるいは日本の独立リーグでプレーしてもいい」とは考えなかった。

このときも、わたしの判断基準となったのは「かっこいいか、かっこ悪いか？」

ということだった。誤解してほしくないのは、韓国や台湾、国内独立リーグでプレーすることがかっこ悪いという意味ではなく、あくまでも野球はわたしにとって〝職業〟であり、NPB以外の収入では家族を養うことは難しく、子どもの学校の問題などを考慮に入れると、さまざまな支障が生じると判断したからだ。

わたしにとって「どんな環境下でも野球を続けること」が大切なのではなく、家庭人として、そして職業人として、「きちんと家族を養うこと」が大切だと考え、それこそが自分にとっての「かっこいい道」だったのである。

その結果、2020年シーズンからはマリーンズでプレーすることを決めた。そして、2021年シーズンを最後に現役引退を決断した。このときも、「まだプレーできるのでは？」と言葉をかけてもらったこともある。

タイガースで現役を終えなかったことも、マリーンズへ移籍したことも、そして2021年限りで現役引退を決めたことも、それぞれにそれぞれの理由があるが、根本にあったのは「かっこいいか、かっこ悪いか？」という思いだった。

結果的にマリーンズでの2年間があったから、タイガースの魅力を再確認することができた。もしもあの2年間がなければ、わたしはタイガースのことが嫌いになっていたかもしれない。わたしの選択は正しかったのだ。

振り返ってみれば、これまでの人生において、多くの場面で「かっこいいか、かっこ悪いか？」を基準にしてきたことに気がつく。

とにかくダサいのが大嫌いだった。

これは決して服装や髪形など、外見に関することだけではない。内面的な部分こそ、「ダサいのは大嫌い」だと思って生きてきた。

すべてにおいて、「自分の判断は絶対だ」と凝り固まっている人はダサい。自分の見たもの、体験したことしか理解できない人もダサい。人の立場を想像できずに、独善的な判断しかできない人もダサい。飲食店の店員さんやタクシーの運転手さんなど、その道のプロフェッショナルに敬意を持つことができずに横柄《おうへい》な態度を取る人もダサい。現実を直視せずに、仲間内だけで傷口をなめ合っているのもダサい……。

例をあげればダサい人はたくさんいる。

そんなときには、胸に手をあてて静かに自問自答すればいい。

（自分もそんな人間になりたいか？）

（自分は、そんな人間になってはいないか？）

当然、答えは「そんな人間にはなりたくない」となるだろう。その結果、「自分は決してそうはなりたくない」という思いが芽生え、結果的にそれが反面教師となり、自分を律することにつながるのである。

もちろん、内面だけではなく外見に関しても、わたしはしばしばこの考えを応用する。現役を引退し、かつてのようにストイックに自分を追い込む必要はなくなった。だからといって、家でゴロゴロ、ダラダラ過ごすつもりは微塵もない。なにもトレーニングをせずに自堕落な生活を続けていれば、当然、締まりのない身体となることだろう。現役引退後、急に腹が出てきたり、一気に太ったりして、「鳥谷も変わったなあ」と思われたくないのである。

だから、引退後の現在でも二日に一度は10キロくらいの距離を走るように心がけている。また、時間をつくっては、自宅にあるトレーニングルームで汗を流すようにしている。

その理由は、「太りたくないから」だ。どうして太りたくないかといえば、「太っているのはかっこ悪い」と思うからだ。

基本的には「自分は自分」であり、他者の目は気にしない。けれども、現役時代もそうだったように他者の目を利用して、それが結果的に自分のためになるのであれば、わたしは人の目を使って、自分の肉体管理に役立てたいと考えている。

判断基準は、「かっこいいか、かっこ悪いか？」——。

シンプルではあるけれど、意外と効果のある指標だとわたしは思っている。

32

ピンチと思うな、
チャンスと思え

サインを書くときに「なにか座右の銘を」と求められることがある。

かつては「向上心」と書いていた。

どんな人にとっても大切なことであるし、常にそれを持ち続けるのは難しいことでもあるという理由で、この言葉を自分自身で肝に銘じるためにもそう書き添えてきた。

わたし自身の性格は、決して向上心に満ちたものではない。

むしろ、なにもなければついついラクなほうへ流れていってしまいかねない危うさを秘めている。だからこそ、この言葉に惹かれるのかもしれない。

常に前向きなスタンスで、自分のやるべきことをしっかりできていれば、まわりの人は「鳥谷には向上心がある」と思ってくれるだろう。

しかし、まったくやる気を見せずに自堕落な生活を送っていたとしたら、「なんで、《向上心》なんて書いているの?」と揶揄《やゆ》されることだろう。

やはりここでも、第2章で述べたように「他人の目」を活用する意味で、「向上心」という言葉を書くようにしていたのかもしれない。

また、「ピンチと思うな、チャンスと思え」も好きな言葉だ。

文字どおり、たとえピンチに見えるときでも、実はそれは「次のステップへ踏み出すチャンスでもあるのだ」という意味だ。

現役時代、なかなか調子が上がらなかったり、まったく結果が出なかったりしたこともあった。内心ではいい知れぬ重圧を感じて、押しつぶされそうになってしまったこともあった。

気持ちばかりが焦ってしまって、平常心を失ってしまいそうなとき、わたしはしばしば「これは、もっと上手になるための、野球選手として大きくなるためのチャンスなんだ」と考えるようにしていた。

元来の性格が心配性であるから、嫌なことや悪いことが重なると、「ヤバい、ヤバい、どうしよう」と、つい焦ってしまう。一度「これはピンチだ」と思ってしまうと、「どうしよう、どうしよう?」と焦るだけで、事態はなにも改善しない。

それでは、自分自身が成長することもないし、進歩もない。けれども、目の前の「ピンチ」を「チャンス」だととらえることができれば、「どうすれば問題は解決するのか？」「いま自分はなにをすべきなのか？」と頭を使うようになる。

その結果、うまくいくことも、失敗することもあるだろう。しかし、なにもせずにただジタバタ焦っているよりは、確実に将来への糧《かて》となるはずだ。


高校時代に肩を壊してピッチングができなくなった。

投げることができないから、ケガが癒《い》えるまでひたすら走り続けた。それによって下半身が強化され、肩が治ったときには見違えるように球速がアップし、バッティングも格段に向上した。

現役時代は常にケガとの闘いだった。

腰椎や肋骨の骨折に、右手人差し指の裂傷もあった。時には、「このまま野球生命が終わってしまうのではないか？」という大ケガに見舞われたこともあった。

しかし、そんなときでも、「次にケガを防ぐにはこんな動きをすればいいのかな？」と考えたり、「ケガをしたときだからこそできる身体の使い方を研究してみよう」と新たな発見をしたりすることもあった。

タイガース時代の晩年、スタメン出場が激減し、ベンチを温める機会が増えた。

それまでずっと試合に出続けていたからこそ、「試合に出たい」という思いは募る一方だったし、首脳陣に対しても「どうして、自分を使ってくれないのか？」と不満を抱いたこともあった。けれども、結果的にこのときの経験があったからこそ、わたしはいま、野球評論家として、いろいろな視点で物事を見ることができるようになった。

苦しい経験をしたことで、家族や人と接していても、目の前で起きた物事を許せるようになったり、違う見方ができるようになったりした。確実に人としての幅が広がったという自負がある。

どんな経験も、決して無駄にはならないのであり、そもそも無駄にしてはいけないのだ。一見すると「ピンチ」であっても、実際のところ、それは次への「チャンス」となるのだ。

これまでに何度も述べてきたように、「自分が選択したものを正解に導くこと」ができれば、ピンチをピンチのままでは終わらせることはない。その時点ですでにピンチはピンチではなくなるのだ。

とても気に入っている言葉だが、出会いのきっかけはよく覚えていない。確か小学校卒業時のことだったと思うのだけれど、当時所属していたチームのコーチが書いてくれた言葉だったと思う。

早稲田大学に入学し、寮に入るときのことだった。実家で荷物の整理をしているときに、この言葉が書かれたボールを見つけ、その後、何度もこの言葉と向き合うことになった。

ピンチと思うな、チャンスと思え——。

いまでも折に触れて、わたしはこの言葉を噛み締めている。

33

自分の個性を見極め、自分の価値を上げていく

野球というスポーツにおいて、野手の場合は「失敗7割、成功3割」で一流だといわれる。10回打席に立って、3本のヒットを放てば「3割打者」の称号を手にし、一流バッターと認められるのである。

でも、一般のビジネスにおいて、7割も失敗していたら、間違いなく「失格」の烙印《らくいん》を押され、ひょっとしたら会社をクビになるかもしれない。医者の手術の成功率が3割ならば、患者としては手術を躊躇するかもしれない。

そういう意味では、プロ野球の世界は特殊なのだろう。幼い頃から野球を続けてきて、「3割打てば一流打者だ」と頭では理解していても、それでも、打てなければ悔しいし、失敗の確率がこれだけ高い仕事も珍しい。

繰り返しになるけれど、「成功率3割」ということは、7割も失敗するということだ。朝、「今日も試合だ」と目覚める。そこから球場に行く準備をするわけだが、「失敗率7割」の仕事場に行くのは、やはり気が重い。

それでも、自らプロ野球の世界を選んだ以上、仕事を投げ出すわけにはいかない。アマチュア時代は「好きなものではなく、得意なこと」という理由で野球を選んだ。しかし、大学時代に「プロ野球選手になろう」と決めてからは、野球が仕事になった。仕事というのは、自ら自分の価値を上げていくことである。
そこではじめて、「自分の価値はどこにあるのか？」と真剣に考えた。
その結果、「すべてにおいて自分はトップではない」という現実を悟り、「ならばあらゆることを無難にこなせる選手として、とにかく試合に出続けることだ」と決めて、たとえ故障をしていても、試合に出続けることを選んだ。

プロ野球の世界は、野球が大好きで、野球が得意な人間ばかりが集まっている。わたし自身、確かに野球は得意ではあったけれど、打つこと、守ること、走ること、すべての能力において、まわりは自分よりも優れている選手ばかりだった。だから、「自分は総合力で勝負しよう」と決め、そのための努力は惜しまなかった。

プロフェッショナルとは、自分の個性を見極め、価値を上げていくこと――。

いつの頃からか、そんな思いが芽生えることになった。
タイガースを去ることを決め、次の所属先を探した。前述のように、わたしの希望は「ＮＰＢでプレーすること」だった。現在、日本国内には全部で12球団がある。となると、必然的にタイガース以外の11球団が次の移籍先候補となる。

実際の作業は代理人の方にお願いしたのだが、当然、「内野手が手薄なチーム」が移籍先の筆頭候補となった。

他球団からのオファーがなければ引退するしかない。不安定な状況ではあったが、自分にできることは万全の準備をすることだけであり、いつ声がかかってもいいように絶えずモチベーションを維持しておくことだけだった。

当時の心境をいえば、それほど切羽詰まったものではなかった。「所属先未定」という状況は、プロ入り以来、はじめて経験する出来事ではあったが、「自分はまだまだやれる」という思いは持っていたし、自分がこれまでやってきたことも信じていた。

いくつかの球団から、代理人に対して問い合わせがあったという。それでも、具体的な進展がないまま、２０２０年を迎えることになった。１月７日には自主トレのためにハワイに向かった。

ハワイでの自主トレは2週間ほど続いた。帰国の段階になっても、まだ移籍先は見つからなかった。

「どうしても現役を続けたい」という強いこだわりがあったわけではない。「高額年俸を手にしたい」という思いがあったわけでもない。

わたしが望んでいたのは、「もう一度フラットな立場で勝負したい」という思いだけだった。年齢やキャリアに関係なく、ひとりの選手としてレギュラー争いをしたい。その戦いに敗れたのならば、控え選手としての役割をまっとうするだけだ。

タイガース時代の晩年は、その機会が与えられないことに対するもどかしさが募っていた。

だからこそ、「もう一度勝負をしたい」という思いだったのだ。

そして、キャンプも終わり、オープン戦も始まっていた3月8日、マリーンズから朗報が届いた。こうして、プロ17年目を無事に迎えることになったのだ。

結果的に、マリーンズではレギュラーに定着することはできなかった。それでもう一度レギュラー争いに挑戦する機会を与えられ、そこで自分なりの努力の成果を披露できたことは本当によかった。

こうして、翌2021年に現役引退を決めた。この年の開幕戦で「七番・ショート」としてスタメン起用されたことで、自分の長年の努力が報われた気がした。マリーンズでは代打はもちろん、代走、守備固めも経験した。炎天下のファームで二十歳そこそこの若手選手たちとともにプレーもした。いずれも、タイガース時代には経験したことのないものだった。

プロ18年間を振り返ってみると、常に「自分の個性を見極め、自分の価値を高めていくこと」に注力していたことに気がついた。自分の置かれた環境下で、どうすれば成績を残せるのか、存在感を発揮できるのか？　プロとして生き抜いていくうえで、この作業は本当に大切なことだった。

これは、プロ野球の世界に限らず、すべての仕事においてあてはまることだと、わたしは思う。

34

幸せになるためには「準備」が大切

最近、「幸せとはなんだろう?」と考えることがある。

おそらく、不幸のどん底の真っただ中にある人は、目の前の困難への対処に精いっぱいで、「幸せとは?」と考える余裕すらないだろう。ということは、こんなことを考えていられるいまの自分は幸せだということになるのかもしれない。

現役時代は、日々の成績が結果となって明確に目の前に現れていた。それによって自分の評価が定まり、「年俸」というわかりやすい指標があった。

しかし、現役を引退して、成績や年俸といった「数字」では推《お》し量《はか》ることのできない生活を送ることになった。

お金がある、時間がある、若さがある、健康がある……。

自分にないものを持っている人をうらやんだり、妬《ねた》んだりする人もいるだろう。けれども、究極のところでは「生きている」というだけで幸せなのかもしれない。

汚い話になるけれど、例えば、近所を散歩中にトイレに行きたくなったとする。でも、なかなかトイレが見つからない。そんなときにようやくトイレを見つけ用を足すだけで、人は幸せを感じることだろう。

トイレの例をあげたが、ここにも幸せになるためのヒントは隠されている。

例えば、日頃から散歩途中に「どこにトイレがあるか」と常に意識していたらどうだろう。

「あの公園に公衆トイレがある」「ここのコンビニにもトイレがある」「あのカフェは男女別にひとつずつある」と知っていれば、突然用を足したくなっても、「ここから一番近いのは公園のトイレだ」と、むやみに焦ることなく心の準備ができるはずだ。

幸せになるためにも、やはり準備は大切なのである。


よく、「幸運の女神には前髪しかない」という。

幸運の女神には前髪しかないから、向かってくるときにつかまなければならない。通り過ぎてから慌ててつかまえようとしても、後ろ髪がないからつかむことができない。そんな意味の言葉だ。

自分にチャンスが訪れたとき、きちんと準備ができていればなにも慌てることがない。準備ができていなければ、せっかくのチャンスを逃してしまう。

だからこそ、たとえ出番が与えられないときでも、決して腐ることなくトレーニングに励むことができた。

やはり、事前の準備は大切なのだ。そして、何度も述べているように、「選択したものを正解に導く」思考プロセスを持っていれば、「失敗」がなくなる。

矛盾するような言い方になるが、「そもそも、物事は成功するものではなく、失敗するものだ」と、わたしは思っている。その失敗を受け入れやすくするために、「Aか、Bか？」を選択するのは自分で決めるし、そのための準備を怠らない。最終的に「幸せだ」と思えるように、「失敗」を「成功」に変えればいい。そうすれば、どんな結果になろうとも、選択したほうが正解となるのだからなにも心配はいらない。

わたしには5人の子どもがいる。

特に教育熱心でもないし、イクメンでもないけれど、時間があるときには習い事の送り迎えもする。運動会などの学校行事にも積極的に参加し、なるべく食事も一緒にとるようにしているし、子どもと一緒に過ごす時間も大切にしている。

子どもたちを見ていて、あきらかに時代は変わったのだと再認識する。

昭和生まれのわたしたちの世代は、「いい大学に入学して、いい会社に入ること」が幸せへの近道だった。けれども、時代は変わる、価値観も変わる。

現在では小学生の頃から、パソコンやタブレットで世界中の情報に簡単にアクセスできるようになっている。ＹｏｕＴｕｂｅという新たなメディアの登場によって、ユーチューバーという職業が誕生し、子どもたちの憧れとなっている。

あるいは、いままでは単なる「子どもの遊び」としか見なされていなかったけれど、現在では「ｅスポーツ」という概念が生まれ、ゲームの世界大会に出場することで数億円を稼ぐことも可能な時代となっている。


以前の価値観では推し量れない時代がすでに訪れている。

そうなれば当然、「幸せ」の意味合いも変わってくる。

なにが正解なのかは誰にもわからない。自分が育ってきた時代の価値観を子どもたちに押しつけるようなことだけは絶対にしたくない。

親は子どもに人生を託すのではなく、子どもの人生をきちんとサポートしてあげることが大切なのだ。

子どもには子どもの人生がある。親としては理解できない選択をするかもしれないし、「どうせ失敗するのでは？」と思っていても、もしも失敗したときのためになにか救いの手を準備しておくことが大切になるだろう。

それもまた、幸せになるための「準備」の一環なのだろう。

子どもの幸せは親の幸せである。

家族間だけではない、他人の幸せは自分の幸せでもある。

みんながそんな気持ちを持つことができれば、いまよりももっとよりよい世の中となるのだろう。きれいごとのように聞こえるかもしれないけれど、それがわたしの理想だ。

いつまでも自分の価値観に凝り固まっているような人間ではいたくない。幸せになるための準備は常に心がけていたい。

現役を引退し、新たな世界での人生が始まっている。今度のステージでも、幸せな人生を歩むための準備はきちんとしていくつもりである。

35

できることは変わる。ならば、できることを続けていく

現役を引退して、「自分になにができるのか？」とあらためて考える時間がもたらされた。

現役時代は「他者の目を利用して考える」こと、「物事は常に逆算して考える」ことを意識して生きてきた。これからも、そのスタンスは変わらないだろう。

あらためて整理してみると、「野球界への恩返し」というのが、これからのわたしの大きなテーマになるのだと思う。

小学校2年生の頃に野球を始めて、それ以来ずっと野球を通じて多くの仲間ができ、人とのつながりを学び、喜怒哀楽さまざまな感情を経験してきた。こうしたことは決して学校で教わるものではなかった。

また、プロ野球という特殊な世界で、ある程度の成績を残すことができたのも、野球のおかげであり、「鳥谷敬」という人格は野球によって形成されたといっていい。

だからこそ、「野球界への恩返しを」という思いは強い。現在の野球界を見渡してみると、いろいろな課題が山積していることに気がつく。

それこそ、サッカー界と比べると、野球界はあらゆる面で遅れているようだ。トレーニング理論、食事や休養への取り組み方、地域密着や社会貢献活動など、まだまだ手をつけるべき課題は多い。特に深刻なのが、「子どもの野球離れ」だ。

これまで、「高校球児は坊主であるべきだ」という考え方があった。坊主にして野球が上達するのであれば、プロ野球選手はみんな丸坊主だろう。しかし、実際のところはそうではない。つまり、ヘアスタイルと野球の技術にはなんの関連もないということである。そんなことは誰でもわかっているのに、なぜかこれまでずっとこの問題は放置され続けてきた。

最近では、ようやく改善の兆しも見えつつあるようだが、こうした旧態依然とした慣習、因習はまだまだ多いのが現実だ。「野球人口減少」を問題視するならば、子どもたちが野球をしやすい状況、野球に憧れを持つ環境づくりに励むのは大人の役目ではないか。

道具も必要だし、遠征費、合宿費などの経済的負担も大きいし、休みの日の送迎、いわゆる「お茶当番」など、保護者たちの負担もかなり大きい。

最近ではかなり緩和されてきたが、プロ野球界とアマチュア野球界との断絶も大きな問題だ。プロ野球、社会人野球、大学野球、高校野球、ボーイズ、シニアリーグ……すべてのカテゴリーにおいて、もっと自由闊達《じゆうかったつ》な連携があっていい。すべてのプロ野球選手がアマチュア球界で鍛えられたのだから、プロ球界はもっとアマチュア球界に多くのことを還元する責任があるはずだ。

2013年度から、NPB主導で「学生野球資格回復制度」が誕生し、数日間の研修を受ければ、元プロ野球選手がアマチュア選手を指導できるようになった。「ようやくか……」という感も否めないが、改善に向けて前進しつつあるのは間違いない。

野球をする人が減ってきているのは、サッカーをはじめとするほかのスポーツが増えたこと、ゲームやマンガなど子どもの娯楽やレジャーの多様化など、たくさんの理由があるのだろう。

けれども、意外と見落とされがちなのが、プロ野球選手のセカンドキャリアや年金問題など、引退後の不安も大きいように思う。一生懸命努力してプロ野球選手になったとしても、その先に待っている「第二の人生」が決して明るいものでないとしたら、「プロ野球選手が憧れだ」という子どもの数も減ってしまうのは当然のことだ。

現役を引退し、野球評論家としての活動をしつつ、社会人野球チームのコーチを務めることになった。自分自身、「社会人野球」というのははじめてのカテゴリーとなるので、いろいろと学ぶことも多い。選手たちは年齢もキャリアもバラバラだ。

「絶対にプロに行くぞ!」と意気込んでいる若者もいれば、「都市対抗野球大会で優勝すること」を生涯の目標にしている選手もいる。それぞれの立場に応じて、自分がこれまで経験してきたことを伝える作業はとても難しいのだが、とてもやりがいのあることでもある。

彼らがどんなことに悩んでいるのか、どんな問題に直面しているのかをまのあたりにすることで思わぬ発見もあった。それが、今後のわたしの人生にとっても、必ずなんらかの役に立つことだろう。

その経験を持って、ひょっとしたらプロ野球界に戻って指導者としての道を歩き始めるかもしれないし、少年野球の世界で子どもたちと一緒に汗を流す道を選択するかもしれない。これればかりは縁もあるので、自分だけの一存では決められないけれど、さまざまなことに柔軟に対応できる姿勢は常に持ち続けていたい。

現役時代から続けているボランティア活動も継続して行っていくつもりだ。以前も述べたように、知名度のある現役選手だからできること、そして引退後だからできること、それぞれ違いはあっても、どんな立場であってもできることは必ずある。

野球界への恩返しのために、わたしはこれからも動き続けていく。

時代や立場に応じて、できることは変わる。
けれども、どんな立場であってもできることは必ずある。
ならば、できることを続けていくだけだ。
そんな思いとともに、これからの人生を歩んでいきたい。

- □ 努力すればするほど、自分にかえってくる。腐らずに目の前のことに精いっぱい取り組むことこそ、困難を打開するための唯一にして、最良の方法。

- □ 感情を揺さぶられるような事態に直面しても、怒りの感情を表に出すことなく、淡々と自分の役割をこなすほうが「かっこいい」。

- □「かっこいいか、かっこ悪いか？」の判断基準は、意外と自分を律するために効果を表す。

- □「ピンチ」と思って焦ると進歩はない。「チャンス」ととらえられれば「どうすれば問題は解決するのか？」と頭を使うようになり、将来への糧となる。

- □「自分の個性を見極め、自分の価値を高めていくこと」こそ、すべての仕事にあてはまるプロフェッショナル。

- □ 準備ができていなければ、せっかくのチャンスを逃してしまう。幸せになるためには「準備」が大切。

- □ どんな立場であってもできることは必ずある。自分にできることを続けていこう。

おわりに

新しい刺激が生まれると、新しい感覚が生まれる

甲子園球場で試合があるとき、わたしはいつも午前11時にはランニングをしていた。

このあいだに前夜の試合を振り返ったり、その日の試合に先発する相手投手のことをイメージしたり、自分のコンディションを確かめたりしながら汗を流していた。

この時間の球場は、前夜の大観衆が嘘のように静まり返っている。

スタンドでは多くのスタッフが、座席周辺の清掃作業をしている。その横には膨大なゴミの山が積み上げられており、それを狙ってカラスがやってくる。さらに、そのカラスを退治するために、鷹匠《たかじょう》なのだろうか、鷹を放っている人もいる。

また、警備スタッフたちがこんな時間から打ち合わせをしているのも見える。

こうした光景を見るたびに、「自分たちは多くの人に支えられて野球ができる

のだな」と、あらためて感謝の思いが芽生えたものだった。

一連の出来事は、「朝から球場で練習する」というアクションを起こしたから目にすることができたものである。

なにか行動を起こせば、なにか新しい発見がある——。

そして、新しい発見があれば、新しい感覚が芽生える。

それは常々感じていたことだった。このケースでいえば、朝から球場に行ったという「アクション」をしたことで、多くのスタッフが朝から働いているという「発見」があった。その結果、「わたしたちは多くの人に支えられているのだ」という感謝の「思い」が芽生えることになった。

現役引退後、近所をランニングする機会が増えた。

すると、本当に多くの人が犬の散歩をしていることに気がつく。そのときに「これだけ多くの人が犬を飼っているのなら、そこになにかビジネスチャンスもあるのかもしれないな」などと考えたりすることもある。これも、ずっと家でじっとしていたならば、そんなことを考えることもなかっただろう。

現代は、自らアクションを起こさなくても、なんでもインターネットで済ませることのできる便利な時代になっている。

むしろ、行動を起こすことにはリスクが伴うかもしれない。それでも、アクションを起こすことは大切だ。

外に出てランニングをしたら、足をくじいて捻挫をするかもしれない。自動車事故に巻き込まれることもあるかもしれない。けれども、足を負傷して松葉杖を使うようになってはじめて、「世の中にはこんなに段差が多いのか？」と、それまで気づかなかった発見があるかもしれない。

健康なときにはまったく縁がなかったのに、自ら通院することではじめて「世の中にはこんなに病人が多いのか？」と感じるかもしれないし、「高齢者の保険治療」について思いをはせることもあるかもしれない。

いずれにしても、なにか行動を起こせばそこからなにかが生まれる可能性があるのだ。それが実際に収入につながるかどうかということは大した問題ではない。

大切なのは「感じること」なのだ。いろいろなことを感じることで、世の中に対する見方も変わってくる。そうすれば、確実に昨日の自分とは違う「新しい自分」に出会える可能性が高まる。

第5章で述べたように、わたしは物事の判断基準として、「かっこいいか、かっこ悪いか？」を大切にしている。かっこ悪い人の共通項は、自分の成功体験や過去の経験を絶対視して、「世の中は変化している」ことに気がつかないことだ。年齢を重ねれば重ねるほど、固定観念にとらわれがちになる。

しかし、既成概念や固定観念にとらわれていない人は、常にアップデートを繰り返し、新しい時代に対応できる感覚を持ち合わせている。

わたしは、いつまでもそんな人間でありたい。

小学生の頃から野球選手として、これまでの人生の大半を過ごしてきた。ユニフォームを脱いだいまでも、もちろん野球とのかかわりがなくなったわけではない。「野球への恩返しを」という思いを持っているので、これからも野球との関わりは続くだろう。

でも、その一方では、野球とは違う新たなことにも積極的に挑戦したいという思いも持っている。具体的に、それがどんなことになるのかは、まだまだ模索しているところではあるけれど、この本で述べたように「他者の目を利用」しつつ、そして「逆算思考で物事を考え」て、これからの人生も力強く歩んでいきたい。これから、いろいろなことがあるだろう。どんなことが待っているのか楽しみだ。

ピンチと思うな、チャンスと思え――。

なにか困難に直面したときには、あらためてこの言葉を噛み締めたい。

この本で述べたことが、少しでも多くの人の力になれれば幸いである。
最後まで読んでいただき、ありがとうございました。

2023年2月

鳥谷 敬

鳥谷 敬（とりたに・たかし）

1981年6月26日生まれ。東京都出身。聖望学園高校、早稲田大学を経て、2003年の自由獲得枠で阪神タイガースに入団。内野手。右投げ左打ち。ベストナイン選出6回、ゴールデングラブ賞選出5回。阪神時代は精神的支柱としてチームに貢献。選手会長、野手キャプテン、チームキャプテンも務めた。2020年、前年シーズンオフに阪神を退団し、千葉ロッテマリーンズ入り。2021年、遊撃手として史上最高齢となる39歳9カ月での開幕スタメン。2021年10月31日、現役引退を表明。現在は野球解説者や野球評論家を務める。

他人《ひと》の期待《きたい》には応《こた》えなくていい

2023年３月16日　初版発行

著　者　鳥谷《とりたに》 敬《たかし》

発行者　山下 直久

発　行　株式会社 KADOKAWA

〒102-8177
東京都千代田区富士見2-13-3
電話 0570-002-301（ナビダイヤル）

印刷所　大日本印刷株式会社

ISBN 978-4-04-605803-4　C0030